JN261969

新訂版

音声はWebで

聞いておぼえる
関西(大阪)弁入門

真田信治 監修

岡本牧子・氏原庸子 著

ひつじ書房

序

　日本語の教育といってもそこにはさまざまなレベルがあるように、日本語学習者のニーズにもまた多様なものがある。地域の人々と密接に付き合う必要があるような職場などでは、そこでの地域方言が文体的コードの一つとして要求されることがあるだろう。学ぼうとする人の側にその必要性と動機がある場合、それに応えて支援すべきマニュアルが求められる。

　このたび、熱意あふれる著者たちの労苦が実って大阪弁の教材が完成した。本書の内容を検討して感じた点は、流動の渦中にある、変化の過程にある言語の「体系」を記述することの難しさということである。対象地点をどこに定位するか、またどの世代をターゲットにするかによって、その記述は大きく左右されるはずである。いわば正しい大阪弁というものについて、一つのゆるぎない基準があって、その運用にはっきりした公式が存在するのならば、ことは簡単である。しかし、書きことばを背景とする標準日本語がすぐ後にひかえている東京語とくらべ、大阪では、いろいろな変化のインパクトがそれぞれの地域にあって、ことばの価値付け、ニュアンスなども世代によって微妙に異なっている。

　本書での内容についても、おそらくそれぞれの立場からの異見がさまざまに寄せられることであろう。そしてそれは当然であろう。ただし、それは、自分の内観のみに頼った"正しい大阪弁"といった見地からの批判であってはならないと思う（私にとっては、そのような見解が生ずる背景そのものも研究の対象ではあるが）。

　本書をステップとしつつ、年齢・性・地域など、属性を異にする個々人の、それぞれの立場からする生活大阪弁の詳細な記述がなされていくことを望みたい。

　　　　　　　　　　　　　　　　　　　　　　　大阪大学大学院教授　真田 信治

まえがき

　この本は、大阪弁を学びたい人のための聴解教材である。初中級程度の日本語文法をマスターした日本語学習者を対象にしているが、大阪弁に興味のある日本人にも役に立つ教材である。この教材は教室で教師が学習者に対して使用してもいいし、学習者が自習用に使用してもいい。大阪弁の言葉（語彙）を多く使うことよりも、今までに知っている日本語のフレーズを大阪弁ではどのように言うのか、共通語とどこが違うのかということに重点をおき、学習者が大阪弁を聞いて相手の話していることを誤解せずに理解できることを第一の目的とした。また、できる限り自然な大阪弁を使用したため、語彙・文法は段階を追ってはいない。

　規範として文法が定められている標準日本語と違って、地域語には大まかな地域共通語があるだけで、体系的な規範は存在せず、個人個人がある枠内で自由に自分の言語感覚に合う言葉を使っており、その言語感覚は、その地域での生活体験によって形成されるものである。したがって、大阪弁と一口にいっても、そこには地域差、職業差、階層差、年齢差、性差などの違いが見られるが、この教材はまず、大阪弁を聞いて、それを理解できるようになることを第一の目的としているため、それらの差に重点をおかず、ごく一般の基本的な大阪弁（関西弁）を扱っている。「標準語」が「東京山の手の言葉」をもとに制定されたというのなら、この教材の大阪弁はさしずめ「大阪を中心とした地域の中流階層の基本的な言葉」をもとに制作したということになるだろう。

　本書は【UNIT 1】から【UNIT 20】に分かれており、各【UNIT】の構成は＜４コマ漫画＞＜聴解問題＞＜文法ノート＞の順になっていて、巻末に＜問題のスクリプト＞＜問題の解答＞がついている。ＣＤは各【UNIT】ごとに＜４コマ漫画＞＜聴解問題＞＜文法ノートの例文＞の順に録音してある。また、＜コラム＞として、大阪弁特有の表現について触れ、巻末に＜単語リスト＞として、本文中に使用した表現の意味を載せている。

大阪 YWCA 日本語教師会　岡本 牧子・氏原 庸子

テキストの使い方

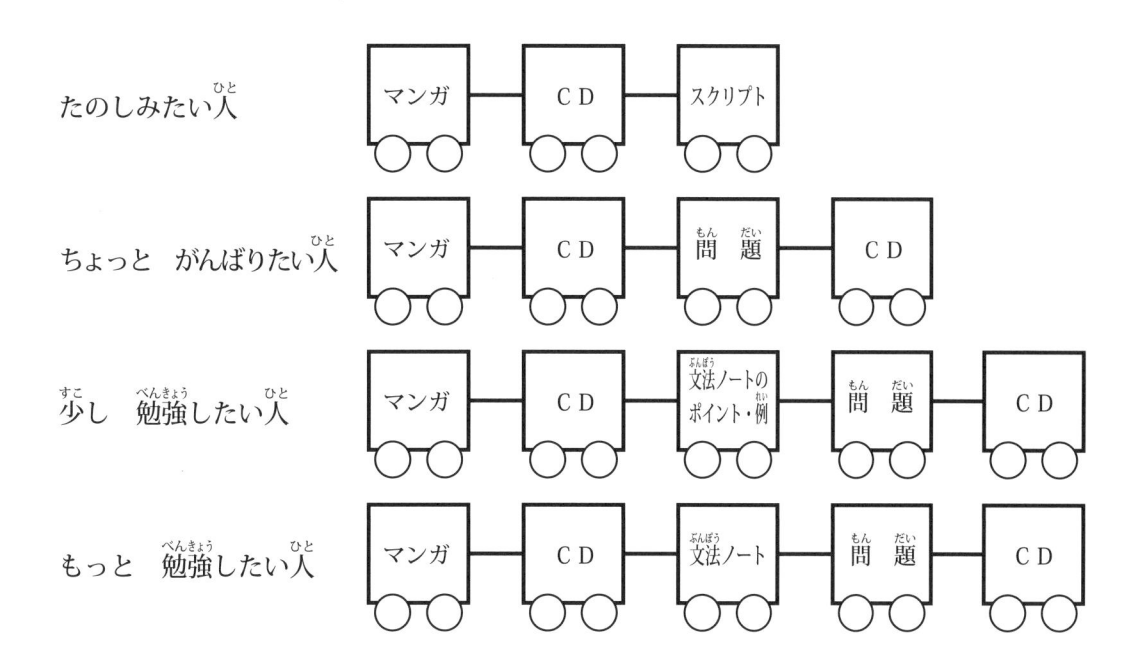

たのしみたい人: [マンガ] — [CD] — [スクリプト]

ちょっと がんばりたい人: [マンガ] — [CD] — [問題] — [CD]

少し 勉強したい人: [マンガ] — [CD] — [文法ノートのポイント・例] — [問題] — [CD]

もっと 勉強したい人: [マンガ] — [CD] — [文法ノート] — [問題] — [CD]

[マンガ] 大阪弁を使った漫画です。CDを聞きながら見ましょう。
意味がわからない時は右側の＜共通語訳＞を見てください。

[問題] 聞いて答える聴解の練習問題です。むずかしいなと思った人は「文法ノート」を読んでからもう一度やってみましょう。

[文法ノート] 大阪弁の文法の説明です。共通語との違いや、どんな時にどのように使うのかが書いてあります。「用語・記号の説明」も読んでください。

注意

これは大阪弁を聞いて、わかるようになるためのテキストです。
だから、このテキストで勉強しても、大阪弁を使うのは、10年間大阪に住んでからにしましょう。

目次

序 …………………………………………………………………………… 3

まえがき …………………………………………………………………… 4

テキストの使い方 ………………………………………………………… 5

用語・記号の説明 ………………………………………………………… 8

UNIT 1　もう　がまんでけへん　　動詞の否定形 ……………………10

UNIT 2　勉強せな　あかん　　義務・必要の表現 ……………………18

UNIT 3　借りても　ええか？　　許可・禁止の表現 …………………24
　コラム 1　関西人が共通語と思い込んでる「隠れ関西弁」…………29

UNIT 4　見ててや　　依頼の表現 ………………………………………30

UNIT 5　テレビ見てんと　寝ぇ　　命令の表現 ………………………38
　コラム 2　一拍語を二拍語的に話す ……………………………………45

UNIT 6　よう　わからん　　可能否定の表現 …………………………46
　コラム 3　「おばんざいやさん」に行こう!! ………………………………51

UNIT 7　何してはるの？　　尊敬の表現 ………………………………52

UNIT 8　行くんやったら　買うてきて　　仮定・推量の表現 ………58
　コラム 4　イ形容詞の「イ」抜け …………………………………………63

UNIT 9	結婚しよってん	第三者の行為の表現	64
UNIT 10	ついに０点 とってしもた	残念・完了の表現	72
UNIT 11	なんで？ お金ないさかい	原因・理由の表現	78
UNIT 12	そんなこと 言うかいな	疑問・強い否定の終助詞	84
UNIT 13	何すんねん！	文末の表現Ⅰ	90
コラム 5	大阪府言語地図		97
UNIT 14	値札 つけとるわ	進行・状態の表現	98
UNIT 15	いっぺん 食べてみ	軽い命令の表現	106
コラム 6	意向形「Ｖ（よ）う」の「ウ」抜け		111
UNIT 16	そんなん 買うたかて…	あきらめの表現	112
UNIT 17	やめときぃ	準備・勧めの表現	118
コラム 7	イ形容詞のウ音便		123
UNIT 18	ええやんか	文末の表現Ⅱ	124
コラム 8	ボケとツッコミ		131
UNIT 19	何でも 買うたった	やり・もらいの表現	132
UNIT 20	なんも みみっちない	全否定の表現	136
コラム 9	ネオ方言 　真田 信治		143
	問題のスクリプト		144
	問題の解答		160
	単語リスト		162
	主要参考書		164
	あとがき		165

用語・記号の説明

V	動詞／verb	
V1	五段動詞／1グループ／u-verb	［例］読む・書く・話す…
V2	上一段動詞・下一段動詞／2グループ／ru-verb	［例］食べる・降りる…
V3	カ変・サ変動詞／3グループ／irregular-verb	［例］する・くる

Vナイ形	読まない・書かない・食べない	動詞未然形／nai-form
Vテ形	読んで・書いて・食べて	動詞連用形／te-form
Vタ形	読んだ・書いた・食べた	動詞連用形／ta-form
辞書形	読む・書く・食べる	動詞終止形・連体形／dictionary-form
Vマス形	読みます・書きます・食べます	動詞連用形／masu-form
意向形	読もう・書こう・食べよう	動詞未然形／volitional-form
可能の形	読める・書ける・食べられる	動詞未然形＋られる・可能動詞／potential-form
受身の形	読まれる・書かれる・食べられる	動詞未然形＋受身の助動詞／passive-form
自動詞	開く・消える・汚れる	intransitive-verb
他動詞	開ける・消す・汚す	transitive-verb
瞬間動詞	死ぬ・つく・結婚する	瞬間に終わってしまう動作・作用を表す動詞
継続動詞	読む・書く・食べる・降る	ある時間内続いて行われる動作・作用を表す動詞

```
             あ か さ た な は ま や ら わ
i（い）段  → い き し ち に ひ み    り（い）
             う く す つ ぬ ふ む ゆ る（う）
e（え）段  → え け せ て ね へ め    れ（え）
             お こ そ と の ほ も よ ろ（お）
```

イ形(容詞)	形容詞(「い」で終わるもの)／i-adjective	
	[例] おいしい・悲しい・重い・赤い…	
ナ形(容詞)	形容動詞(「な」で名詞に続くもの)／na-adjective	
	[例] 便利な・有名な・きれいな…	
N	名詞／noun　　[例] 本・机・花・先生…	
普通体	「です・ます」をとった文体で「常体・だ体」とも言う	
	[例] 食べる・聞く・読んだ・おいしい・まずかった・遠い・便利だった・本だ・休みだった	
V普通体	[例] 食べます→食べる・食べません→食べない・食べました→食べた	
音便	ある条件のもとで生じる音変化	
	[例] 死にて→死んで・行きて→行って・ありがとうございます	
縮約形	長い形に対応する短い形。会話でよく現れる	
	[例] 食べてしまった→食べちゃった	
人称	1人称は「わたし」、2人称は「あなた」、3人称(第三者)は「彼・田中さん…」	
拍	「面(め・ん)」は二拍、「あした(あ・し・た)」は三拍、「学校(が・っ・こ・う)」、「パソコン(パ・ソ・コ・ン)」は四拍	
音節	「面(men)」は一音節、「足(a-shi)」、「学校(gak-ko)」は二音節、「あした(a-shi-ta)」、「パソコン(pa-so-kon)」は三音節	
長音	長く伸ばして発音する音	
	[例] おかあさん・レール	
アクセント	音の高低(強弱の意味では使用していない)	

CD 収録内容についてのおことわり

旧版の音声テープをそのまま CD に収録しました。そのため問題文で「CD」と表記されている箇所を、音声では「テープ」と言っています。ご了承下さい。なお、「問題のスクリプト」では、「テープ」と表記しています。

音声データについて

本書には以前は CD が付属していましたが、CD の音声データを mp3 形式の音声ファイルでダウンロードする方法に変更しました。本書の web ページから、音声データをダウンロードしてください。『新訂版　聞いておぼえる関西(大阪)弁入門』web ページ

https://www.hituzi.co.jp/hituzibooks/ISBN978-4-89476-296-1.htm

パスワード：2961

UNIT 1 もう がまんでけへん

もう がまんできない 〜動詞の否定形〜

コマ1:
ばかにせんといてや。
人を何やと思てんねん。

ばかにしないでよね。
人を何だと思っているの。

コマ2:
朝から晩まで家事ばっかし。
うちかて昔はバリバリやってんで！

朝から晩まで家事ばかり。
わたしだって昔は
バリバリだったのよ！

コマ3:
えーい、くそ！
腹の立つ!!
もうがまんでけへん。
やめや!!

えーい。本当に腹が立つ!!
もうがまんできない。
やめだ！
ばかにしないでよね。
人を何だと思っているの。

コマ4:
なんであない怒ってんねやろ。
おおこわっ！
はよ、寝よ。

どうしてあんなに怒っているんだろう。
おお、こわい！
早く寝よう。

1 問題

1 絵を見ながらCDを聞いて、例のように（ ）に番号を書いてください。

(例)   a (　)   b (　)   c (　)

d (　)   e (　)   f (　)   g (　)

2 次のCDを聞いて、「否定」はA、「誘い」はBに○をつけてください。
例を聞いてください。

例	Ⓐ ・ B
①	A ・ B
②	A ・ B
③	A ・ B
④	A ・ B
⑤	A ・ B
⑥	A ・ B
⑦	A ・ B
⑧	A ・ B

3

ＣＤの質問を聞いて、正しい答え方をＡ〜Ｉの中から選んでください。
例を聞いてください。

例	D
①	
②	
③	
④	
⑤	
⑥	
⑦	
⑧	

A．はい、持てません。
B．はい、聞きません。
C．はい、休みます。
D．はい、来ません。
E．はい、しましょう。
F．はい、ありませんでした。
G．はい、できません。
H．はい、行きます。
I．はい、いませんでした。

4

次の短い会話を聞いて、会話の内容と合っているものに○、違っているものに×を書いてください。

① （　）きのうは雨でした。
　　（　）男の人はきのう行きました。
　　（　）男の人はお金を持っていませんでした。

② （　）女の人はこのお酒を飲みます。
　　（　）男の人はこのお酒を飲みます。
　　（　）男の人はお酒が飲めません。

③ （　）女の人はご飯を作りました。
　　（　）男の人はご飯を食べてきませんでした。
　　（　）男の人は８時に帰ってきました。

④ （　）女の人は男の人の家でビデオを見るつもりです。
　　（　）男の人は女の人の家でビデオを見るつもりです。
　　（　）女の人のお母さんは、いま家にいません。

1 文法ノート

動詞の否定形

> **▶ポイント**　V ない ⇒ V へん
>
> 動詞の否定形「V ない」を、大阪弁では「V へん」といいます。また、この形を使って、相手を誘ったり、相手に何かを勧めたりする表現もできますが、これは共通語と同じです。

例

① A：まだ、帰れへんの？　　　　　　　まだ、帰らないの？
　　B：うん、まだ帰れへん。　　　　　　うん、まだ帰らない。
② A：お好み焼き、食べに行けへん？　　お好み焼き、食べに行かない？
　　B：うん、行こか。　　　　　　　　　うん、行こうか。

V へん の作り方

「V へん」は V 1・V 2・V 3 によって、動詞の形が少しずつ違います。また、地域や人によっても音が違います。

V 1 の場合（⇒表1 No. ①）→「ない」の前の音を「e（え）段」に変えます。
（「V ナイ形＋へん」の形もあります。）

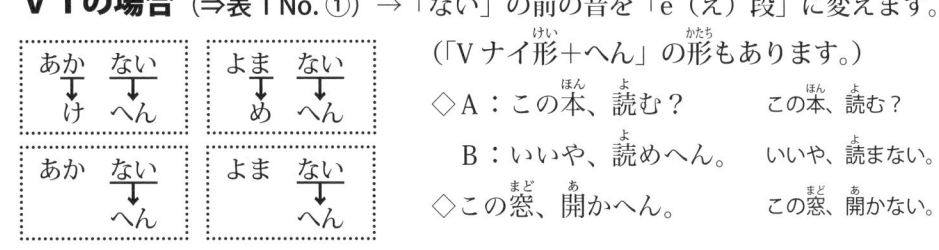

```
あか ない     よま ない
 ↓   ↓        ↓   ↓
 け  へん      め  へん

あか ない     よま ない
 ↓            ↓
 へん          へん
```

◇A：この本、読む？　　　　この本、読む？
　　B：いいや、読めへん。　いいや、読まない。
◇この窓、開かへん。　　　　この窓、開かない。

注意　共通語で「ある」の否定は「ない」ですが、大阪弁では「あれへん・あらへん」といいます。（⇒表1 No. ②）◇わたしのカバンがあれへん。
　　　　　　　　　　　　　　　　　　　　　　　　　わたしのカバンがない。
　　　　　　　　　　　◇わたしのカバンがあらへん。

V2（い段）の場合 (⇒表1 No.③)

→「ない」の前の音が「i（い）段」の場合は、「e（え）段」に変えます。地域や人によっては「Vナイ形＋へん／ひん」になります。

```
おき ない        たり ない
 ↓   ↓          ↓   ↓
 け  へん        れ  へん
```

◇ケーキ一個、たれへんよ／たりへんよ／たりひんよ　　　　ケーキ一個、足りないよ。
　　　　　　tare-hen　　tari-hen　　tari-hin

注意　「i（い）段」の中でも「ない」の前がひらがな1文字の場合は、長音になって色々に変化するので気をつけましょう。(⇒表1 No.④)

き・ない →	けぇ・へん／きぃ・へん／きぃ・ひん／きや・へん
	kee-hen　　kii-hen　　kii-hin　　kiya-hen
み・ない →	めぇ・へん／みぃ・へん／みぃ・ひん／みや・へん
	mee-hen　　mii-hen　　mii-hin　　miya-hen
い・ない →	×　／いぃ・へん／いぃ・ひん／いや・へん
	ii-hen　　ii-hin　　iya-hen
に・ない →	×　／にぃ・へん／にぃ・ひん／にや・へん
	nii-hen　　nii-hin　　niya-hen

V2（え段）の場合 (⇒表1 No.⑤)

→「ない」の前の音が「e（え）段」の場合は、「Vナイ形＋へん」になります。

```
たべ ない        おぼえ ない
  ↓              　↓
 へん            　へん
```

例外　「みえない」は「みえへん」になりますが、「めぇへん」の形も使います。
これは「みない」の「めぇへん」とアクセントが違うので気をつけましょう。

映画、見えない。　　　　　これ、見たでしょ。そんなの見ないよ。

注意　「e（え）段」の中でも「ない」の前がひらがな1文字のものは次の2つの言い方になります。(⇒表1 No.⑥)

で・ない → でぇ・へん／でや・へん
　　　　　　dee-hen　　deya-hen

ね・ない → ねぇ・へん／ねや・へん
　　　　　　nee-hen　　neya-hen

おじさん、玉、でないよ。

Ⅴ3の場合

「しない」は「せぇへん」、「こない」は「けぇへん」になります。

◇うちの子、勉強せぇへんで、こまるわ。　　うちの子、勉強しないので、こまるわ。
　　　　　　　see-hen
◇田中くん、まだけぇへんな。　　　　　　　田中くん、まだ来ないな。

また、地域や人によって次のようにも変化します。（⇒表1 No. ⑦⑧）

　せぇへん　⇒　しぃひん・しやへん　　　けぇへん　⇒　きぃひん・きやへん
　　　　　　　　shii-hin　shiya-hen　　　　　　　　　　　kii-hin　kiya-hen

さらに若い人たちのあいだでは、共通語の影響を受けた形「こぉへん」も使われています。
　　　　　　　　　　　　　　　　　　　　　　　　　　　koo-hen
（⇒コラム9）

Ⅴへん のいろいろ

（表1）

説明No	動詞	〜ない	e-へん	a-へん	i-へん	i-ひん	iya-へん	eya-へん	o-へん
①	V₁	かえら・ない のま・ない かか・ない	かえれ・へん のめ・へん かけ・へん	かえら・へん のま・へん かか・へん					
②		ない⇔ある	あれ・へん	あら・へん					
③	V₂	おり・ない	おれ・へん		おり・へん	おり・ひん			
④		み・ない	めぇ・へん		みぃ・へん	みぃ・ひん	みや・へん		
⑤		たべ・ない	たべ・へん						
⑥		ね・ない	ねぇ・へん					ねや・へん	
⑦	V₃	し・ない	せぇ・へん			しぃ・ひん	しや・へん		
⑧		こ・ない	けぇ・へん			きぃ・ひん	きや・へん		こぉ・へん

その他

◎「Ⅴなかった」＝Ⅴへん＋かった

　ね　な　かった
　↓　↓
　ねぇへん　かった　　◇きのう、寝ぇへんかった。　　きのう、寝なかった。

◎「Ⅴて（い）ない」＝Ⅴてへん

　あいて（い）ない
　　　　　　　↓
　　　　　　　へん　　◇銀行、開いてへん。　　銀行、開いてない。

> **注意**　共通語では「いる・いない」という存在を表す言い方を「Ⅴている」の形で言うことはできませんが、大阪弁では「いてる・いてへん」といいます。（⇒ UNIT 14）

◇だれか、いてる？　　だれも、いてへん。　　　　　　　だれか、いる？　　だれも、いない。

◎可能の否定

Ｖ１ → 「受身の形」＋へん

注意　京都方面では「e－へん」の形が可能の否定に使われます。

```
うたえ    ない
 ↑      ↑
 われ    へん
```

◇こんなむずかしい歌、うたえへん。（京都方面）
◇こんなむずかしい歌、うたわれへん。（大阪方面）

こんなむずかしい歌、うたえない。

Ｖ２ → 「可能の形」＋へん

```
たべられ　ない
         ↓
         へん
```

Ｖ３ → できない（する）→ でけへん／できひん

こられない（くる）→ こられへん

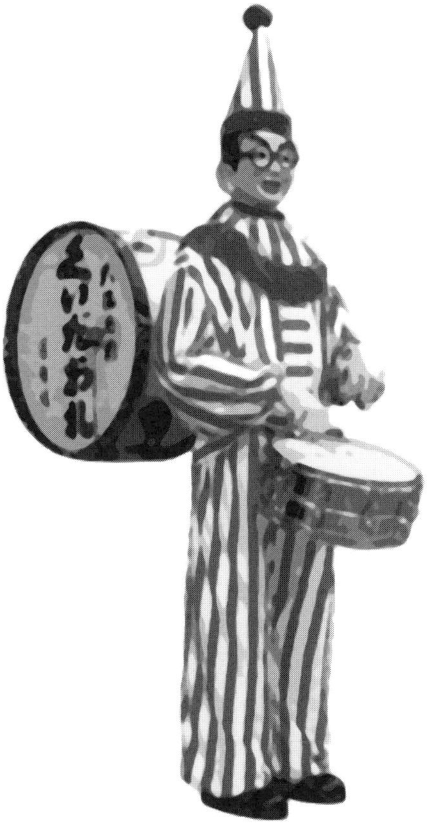
くいだおれ

UNIT 2 勉強せな あかん
勉強しなければならない　～義務・必要の表現～

なに？　この給料！
　もっと働かなければだめよ！

なに？　この点数！
　もっと勉強しなければだめ！

部屋が汚い！
　片付けなくてはだめ!!

なにぃ？　このおかず！

文句あるの？

2 問題

1
CDを聞いて、「しなければならない」ことを下の絵から選んでください。例を聞いてください。

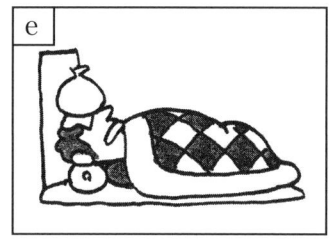

| a | b | c |
| d | e | f |

[例] (b)　①(　　　)　②(　　　)　③(　　　)
　　　　　　　④(　　　)　⑤(　　　)

2
CDを聞いて、下から動詞を選び、(　)に番号を書いてください。また、「しなければならない」ことはA、「しなくてもいい」ことはBに○を書いてください。例を聞いてください。

(　)	のる	A・B		(　)	おきる	A・B
(　)	でんわする	A・B		(　)	つかう	A・B
(例)	たべる	Ⓐ・B		(　)	くる	A・B
(　)	きる	A・B		(　)	はしる	A・B
(　)	おこる	A・B				

3 CDを聞いて、「しなければならない」ことには○、「しなくてもいい」ことには×を書いてください。例を聞いてください。

[例] 牛乳を買う。　　　　　（ ○ ）

① 田中君に電話をかける。　（　）

② ゴミを分けて出す。　　　（　）

③ 友達を待つ。　　　　　　（　）

④ ラジオを聞く。　　　　　（　）

⑤ 歯医者に行く。　　　　　（　）

⑥ 部屋を掃除する。　　　　（　）

⑦ 勉強する。　　　　　　　（　）

2 文法ノート

義務・必要の表現

> ▶ポイント　Vなければならない　⇒　Vんとあかん
>
> 「Vなければならない」は、「Vなあかん」と「Vんとあかん」の2つの表現があります。また、共通語と同じように、この部分を略して言う場合もあります。

例

① あした、東京へ行かなあかん／行かんとあかん。　　あした、東京へ行かなければならない。
② わぁ、きたなぁ。掃除せな／掃除せんと…。　　わぁ、きたない。掃除しなくちゃ…。
③ A: これ、食べなあかん？　　A: これ、食べなくちゃだめ？
　 B: 食べんでもええよ。　　B: 食べなくてもいいよ。

Vな・Vん　の作り方

大阪弁の否定の形には「Vへん」(UNIT 1) と「Vな／Vん」があります。

V1とV2の場合

よま	なければ	ならない
	↓	↓
	な	あかん
	んと	あかん

たべ	なくては	いけない
	↓	↓
	な	あかん
	んと	あかん

◇読まなあかん／読まんとあかん
◇食べなあかん／食べんとあかん

V3の場合

し→せ	なければ	ならない
	↓	↓
	な	あかん
	んと	あかん

こ	なくては	いけない
	↓	↓
	な	あかん
	んと	あかん

◇せなあかん／せんとあかん
◇こなあかん／こんとあかん

その他

◎「Vん」の過去

「Vん」の過去　　[Vん＋かった　きのう、行かんかった]　きのう、行かなかった
　　　　　　　　 [Vなんだ　　　きのう、行かなんだ　　]

> 注意　「Vなんだ」は年配の人たちがよく使います。

◎「Ｖんでもええ」の作り方

よま	なくても	いい
	ん でも	ええ

こ	なくても	いい
	ん でも	ええ

し	なくても	いい
せ	ん でも	ええ

否定の形の応用

（表2）

共通語	Ｖん	Ｖな	Ｖへん	例文
Ｖなければならない	Ｖんとあかん	Ｖなあかん		たべんと・あかん
Ｖなくてはいけない				たべな・あかん
Ｖないで（ください）	Ｖんといて（くれ/ください）			たべん・といて（くれ/ください）
Ｖなくてもいい	Ｖんでもええ			たべん・でもええ
Ｖないでしょう	Ｖんやろ		Ｖへんやろ	たべん・やろ／たべへん・やろ
Ｖないかもしれない	Ｖんかもしれん		Ｖへんかもしれへん	たべん・かもしれん／たべへん・かもしれへん
Ｖないはずだ	Ｖんはずや		Ｖへんはずや	たべん・はずや／たべへん・はずや
ＶないでＶ	ＶんとＶ			たべんと・かえった

注意 上記以外の文型の「Ｖない」は「Ｖへん」と「Ｖな／Ｖん」の両方使います。
言い切りの形は「Ｖへん」と「Ｖん」の２つだけです。

◇こんなもん 食べへん。　　こんなもの 食べない。
◇あしたはどこへも 行かん。　あしたはどこへも 行かない。

縮約形

（表3）

共通語 基本形	大阪弁 基本形	共通語 縮約形	大阪弁 縮約形	例文
Ｖておかなければ	Ｖておかな／Ｖておかんと	Ｖておかなきゃ	Ｖとかな／Ｖとかんと	食べとかなあかん／食べとかんとあかん
Ｖていなければ	×	Ｖていなきゃ	Ｖてな／Ｖてんと	食べてなあかん／食べてんとあかん
（Ｖておらなければ）	Ｖておらな／Ｖておらんと	（Ｖておらなきゃ）	Ｖとらな／Ｖとらんと	食べとらなあかん／食べとらんとあかん
Ｖてあげなければ	Ｖてあげな／Ｖてあげんと	Ｖてあげなきゃ	Ｖたげな／Ｖたげんと	食べたげなあかん／食べたげんとあかん
Ｖてしまわなければ	Ｖてしまわな／Ｖてしまわんと	Ｖてしまわなきゃ	Ｖてまわな／Ｖてまわんと	食べてまわなあかん／食べてまわんとあかん

Ｖんとあかん／Ｖなあかん　の使い方

義務や必要の表現

◎義務の表現　◇赤信号や。止まらなあかん。　　　　　赤信号だ。止まらなければならない。
　　　　　　　　　　　　止まらんとあかん。　　　　　　　　　　　止まらなくてはならない。

◎必要の表現　◇無理せんと、休まなあかんで。
　　　　　　　　　　　　休まんとあかんで。　　　　　　　無理しないで、休まなければだめだよ。

注意　「Ｖなあかん」と「Ｖんとあかん」は同じ意味で使います。

その他

◎「…あかん」は「いけない」「だめだ」を表す代表的な形ですが、否定的な動詞で置き換えることもあります。
　　◇行かな、怒るで／行かんと、怒るで。　　　　　行かなければ怒るよ。
　　◇酒やめんと、死ぬで。おっちゃん／酒やめな、死ぬで。おっちゃん。
　　　　　　　　　　　　　　　　　　　　　　　酒をやめなければ、死ぬよ。おじさん。

注意　「いかん」は「いけない」と同じ意味で、「あかん」と同じように使います。
　　◇あした学校へ行かんといかん。　　　　　　　あした学校へ行かなければいけない。

◎　Ｖんならん　→Ｖん＋ならん
　　使い方：「Ｖなあかん」よりやわらかい
　　表現で、自分自身がしなければならない
　　ことに使います。

もう こんな時間や。
寝んならんなぁ。

もう こんな時間だ。寝なきゃなぁ。

Ｖんでもええ　の使い方

不必要の表現

「Ｖなくてもいい」を表すときは「Ｖんでもええ」と言います。

◇あした、行かなあかん？　┬── うん、行かなあかん。（義務／必要の表現）
　　あした、行かなければならない？　├── はい、行かなければならない。
　　　　　　　　　　　　　　　　　　└── ううん、行かんでもええ。（不必要の表現）
　　　　　　　　　　　　　　　　　　　　いいえ、行かなくてもいい。

UNIT 3 借りても ええか？

借りてもいい？　～許可・禁止の表現～

オレ、あしたデートやねん。車、借りてもええか。
おう、貸したろ。ぶつけたらあかんで。

> おれ、あしたデートなんだ。車、借りてもいいかな。
>
> おう、貸してやるよ。ぶつけちゃ、だめだよ。

ついでにあのスーツかめへんかな。
親友やんか。そやけど汚さんといてや。

> ついでに、あのスーツ、かまわないかな。
>
> 親友じゃないか。だけど、汚さないでくれよ。

そんで…。
まだ、あるんか。ネクタイか？何やねん。

> それで…。
>
> まだ、あるのか。ネクタイなのか。何だよ。

そんで、おまえの彼女、借りたいんやけど…。
！！！！んな、アホな。

> それで、おまえの彼女、借りたいんだけど…。
>
> ！！！！　そんな、ばかな。

3 問題

1 CDを聞いてください。話している人は何がしたいのですか。下の絵から選んで番号を（　）に書いてください。例を聞いてください。

（例）

a（　　）　b（　　）　c（　　）

d（　　）　e（　　）　f（　　）

2 CDを聞いてください。質問した人は、この後どうしますか。例を聞いてください。

［例］　車を　　　　（ とめる　・　とめない ）
① 　酒を　　　　（ のむ　　・　のまない ）
② 　友達の家へ　（ いく　　・　いかない ）
③ 　CDを　　　（ きく　　・　きかない ）
④ 　エサを　　　（ やる　　・　やらない ）
⑤ 　ここに　　　（ すわる　・　すわらない ）
⑥ 　ふろに　　　（ はいる　・　はいらない ）
⑦ 　にもつを　　（ あける　・　あけない ）

3 山本さんがアパートを探しています。山本さんと大家さんの会話を聞いてください。アパートで「してもいいこと」に○、「してはいけないこと」に×を書いてください。

d (　　)　　e (　　)

c (　　)　　f (　　)

b (　　)　　g (　　)

a (　　)　　h (　　)

3 文法ノート

許可・禁止の表現

> **▶ポイント　Vてもいい ⇒ Vてもええ**
> 「Vてもいい」は、「Vてもええ」と「Vてもかめへん／かまへん」の2つの表現があります。また、「Vてはいけない」は、「Vたらあかん」となり、「Vないで（ください）」は、「Vんといて」といいます。（「Vんといて」⇒ UNIT 17）

例

① A：あした、休んでもええ？　　　　あした、休んでもいい？
　 B：休んだらあかん。　　　　　　　休んではだめ。
② A：電気、つけてもかめへん？　　　電気、つけてもかまわない？
　 B：つけんといて。　　　　　　　　つけないで。

許可・禁止の表現　の作り方

かい　ても　いい	よん　でも　かまわない	やすん　では　いけない	こ　ないで
↓	↓	↓	↓
ええ	かめへん／かまへん	だら　あかん	んといて

許可・禁止の表現　の使い方

『許可』の表現

◇もう帰ってもええよ。　　　　　　　もう帰ってもいいよ。

> **注意**　「Vてもええ」は、「も」を言わないことがあります。
> ◇ここに置いて*も*ええ？→ここに置いてええ？　　ここに置いてもいい？

『禁止』の表現

◇その部屋に入ったらあかん。　　　　その部屋に入ってはいけない。

> **注意**　「Vたらあかん」は、「ら」を言わないことがあります。
> ◇見たらあかん　→　見た＿あかん　　　見てはいけない。

『禁止の依頼』の表現

◇だれにも言わんといて。　　　　　だれにも言わないで（ください）。

まど あけてもええ？

窓、開けてもいい？

＜許可＞　　　　　　＜禁止＞　　　　　　＜禁止の依頼＞

あけてもええよ　　　あけたらあかん　　　あけんといて

開けてもいいよ。　　開けてはだめ。　　　開けないで。

注意 友達に話す時と目上や他人と話す時で、少し使い方が違う場合があります。

（表4）

	共通語	大阪弁	例文
仲間 親しい友達	Vないで	Vんといて	食べんといて。
	Vてはいけない／だめ	Vたら あかん	食べたらあかん。
	Vてもかまわない	Vても かめへん／かまへん	食べてもかめへん。
	Vてもいい	Vても ええ	食べてもええ。
目上 遠い他人	Vないでください	Vんといてください	見んといてください。
	Vてはいけません	Vたら *あきまへん／あきません	見たらあきまへん。
	Vてもかまいません	Vても *かまいまへん／*かめしまへん／かまいません	見てもかまいまへん。
	Vてもいいです	Vてもええです／よろしい	見てもよろし（い）。

＊「あきまへん」「かまいまへん」「かめしまへん」は、年配の人がよく使います。

コラム 1

関西人が共通語と思い込んでる「隠れ関西弁」

関西人が共通語のつもりで使っていることばの中にも、「隠れ関西弁」があるのを知っていましたか。

「おしぴん」じゃなくて「画びょう」です

「ペケ」というアナタが「バツ」

大切に「しまって」おきましょう

びっくりするじゃないか…。
「おなかいっぱい」って言ってよ。

UNIT 4 見ててや
見ていてね　〜依頼の表現〜

見ていて、見ていて。
　ブランコこげるの。

うん、見ている　見ている！

見ていてね。こっちだよ。

見ている　見ている。

ガッツーン!!

いてぇっ！

見ていてねって言ったじゃない。

見ていたよ……。

4 問題

1 絵を見ながらＣＤを聞いてください。この人は何を頼んでいますか。
例のように（　）に番号を書いてください。例を聞いてください。

（　例　）

a（　　　）　　b（　　　）　　c（　　　）

d（　　　）　　e（　　　）　　f（　　　）

g（　　　）　　h（　　　）　　i（　　　）

2 何を頼んでいますか。動詞を下から選んで、正しい形に変えてください。例を聞いてください。

［例］弁当を（つくって）ちょうだい。

① 先に（　　　　）おいてくれ。

② あいつも（　　　　）やれよ。

③ この席を（　　　　）おいて。

④ （　　　　）ください。

⑤ ちょっと（　　　　）やれよ。

⑥ パーティーを（　　　　）おいて。

⑦ （　　　　）やってちょうだい。

⑧ もう一度（　　　　）。

⑨ テレビを（　　　　）やってよ。

笑う ・ 言う ・ 行く ・ 誘う ・ 食べる

作る ・ 買う ・ とる ・ 見せる ・ 始める

3 男の人は大阪弁で何かを言っています。次の中から共通語の答えを選んでください。

a. ありがとう。食べてみるわ。

b. そんなことないわよ。いい人だって言ってたわよ。

c. いいわよ。何時にする？

d. へぇー、這って逃げるのね。

e. えっー。うちはいらないわ。

①		②		③	

④		⑤	

4 文法ノート

依頼の表現

> ▶ポイント　Vてよ⇒Vてや
>
> 「Vてください」は、「Vてね」「Vてよ」と短く言う表現がありますが、大阪弁では、「Vてな」「Vてや」と表現します。依頼表現の「Vて」は、大阪弁でも形は同じですが、テ形の中に共通語にない形のものがあるので、注意しましょう。

- 例 21
  ① あの本、買うてな。　　　　あの本、買ってね。
  ② ちょっと待ってや。　　　　ちょっと待ってよ。

特殊なテ形・タ形　の作り方

大阪弁の「Vテ形・Vタ形」には、共通語にない形があります。
◎辞書形の終わりが「－au, －ou, －uu」で、「う」の前がひらがな1文字のものは、Vテ形・Vタ形にしたときに、音を長くのばす形になります。

(表5)

	共通語	大阪弁	例文
□au	かう kau	こうて koote	ミルク、買うてきてくれる？
□ou	よう you	ようて yoote	酔うたらあかん。
□uu	すう suu	すうて suute	ここで吸わんと、ほかの場所で吸うてよ。

◎辞書形の最後が「－au,－ou,－uu」で、「う」の前がひらがな2文字より多いものは、音を長くのばす形も、短くした形も使います。

(表6)

	共通語	大阪弁 長い形	大阪弁 短い形	例文
□□au	うたう utau	うとうて ut<u>oo</u>te	うとて ut<u>o</u>te	もっと、歌て。
□□ou	さそう sas<u>ou</u>	さそうて sas<u>oo</u>te	さそて sas<u>o</u>te	おれも、誘てや。
□□uu	ふるう fur<u>uu</u>	ふるうて fur<u>uu</u>te	ふるて fur<u>u</u>te	料理の腕、ふるてな。

Vテ形 の縮約形

(表7)

共通語の普通のテ形	共通語の縮約形	大阪弁の縮約形	例文
Vていて	Vてて	Vとって	先に食べとって。
Vておいて	Vといて	Vとって	ここに置いとって。
Vてやって	──	Vたって	この子に服、着せたって。
Vてあげて	Vたげて	Vたって	彼にも教えたって。
Vてくれないか*	──	Vてんか	この本、読んでんか。

＊「Vてくれないか」は、「Vてくれへんか」「Vてくれんか」にもなりますが、「か」がつくと、男性的な表現になります。

35

Vたって の使い方

大阪弁の「Vたってや」「Vたれや」は、話し手が自分に「Vしてほしい」時にも使います。

ちょっと、まったれや
ちょっと、待ってくれよ

ちょっと、まったってや
ちょっと、待ってあげてよ

終助詞「な」「や」の使い方

◎終助詞の「な」は、共通語の「ね」と同じように使います。
　◇今日は寒いな。　　　　　　　　今日は寒いね。　　　＜同意を求める＞
　◇この電車に乗ってな。　　　　　この電車に乗ってね。　＜依頼を念押しする＞

◎依頼の気持ちが強いときは、テ形の最後をのばします。
　◇あの車、買うてぇな（買うてぇなぁ）。　あの車、買ってよねー。

◎終助詞の「や」は共通語の「よ」と同じように使います。
　◇遅れんと、来てや。　　　　　　遅れないで、来てよ。　＜要求を強く言う＞

◎終助詞の「で」は、共通語の「よ」と同じように使います。
　◇今日は寒いで。　　　　　　　　今日は寒いよ。　　　＜情報を与える＞

UNIT 5 テレビ見てんと 寝え
テレビを見ていないで 寝なさい ～命令の表現～

さむいで。テレビばっかり見てんと 早よ寝え。

さむいよ。テレビばかり見ていないで、早く寝なさい。

・・・・・・・・・・

いつまでも 起きてんと、寝え。風邪ひくでえ。

いつまでも、起きていないで、寝なさい。風邪をひくよ。

・・・・・・・・・・

寝え、いうのが わからんのか！12時やんか。

寝なさいというのがわからないの？12時じゃないの。

・・・・・・・・・・

なんや。寝てんのんやったら 寝てるっていい。テレビも 消さんと…。

なんだ。寝ているのだったら、寝ているっていいなさい。テレビも消さないで…。

ZZZZZ・・・・・・

5 問題

1 CDで命令していることを、下の絵の中から選んでください。例を聞いてください。

[例]

a (　　　)　b (　　　)　c (　　　)

d (　　　)　e (　　　)　f (　　　)

2 CDで「するな」と禁止していることを、下から選んでください。

① (　　　　)　② (　　　　)　③ (　　　　)
④ (　　　　)　⑤ (　　　　)　⑥ (　　　　)
⑦ (　　　　)　⑧ (　　　　)

> ふむ　・　する　・　なく　・　のる　・　すう
> かす　・　もつ　・　しぬ

3 CDを聞いて、「命令」にはA、「勧め」にはBを（　）に書いてください。

① (　　) ② (　　) ③ (　　) ④ (　　) ⑤ (　　)
⑥ (　　) ⑦ (　　) ⑧ (　　) ⑨ (　　) ⑩ (　　)

5 文法ノート

命令の表現

> ▶ポイント　Vなさい　⇒　V
>
> 共通語の丁寧な命令の表現「Vなさい」の「なさい」をとった形が、大阪弁の命令の表現です。意味は「命令」と「勧め」の２つあります。

例
① 遅れんと、来いや。　　　　　　遅れないで来なさい。
② 風邪、ひいたん？　あした、休み。　風邪をひいたの？　あした、休めば…？

命令の形　の作り方

Ｖ１・Ｖ２の「ます」の前がひらがな２文字以上の動詞

かき　なさい	たべ　なさい	はしり　なさい
↓	↓	↓
かき　×	たべ　×	はしり　×

Ｖ２・Ｖ３の「ます」の前がひらがな１文字の動詞

Ｖ２・Ｖ３のひらがな１文字の動詞は、長音化する場合があります。

ね　なさい	み　なさい	し　なさい	き　なさい
↓	↓	↓	↓
ねぇ　×	みぃ　×	しぃ　×	きぃ　×

禁止の命令の形　の作り方

基本の形　「Ｖマス形＋な」　→　Ｖな

のむ　な	はしる　な	おしえる　な	する　な	みる　な
↓　↓	↓　↓	↓　↓	↓　↓	↓　↓
のみ　な	はしり　な	おしえ　な	す　な	み　な

V2・V3の「ます」の前がひらがな1文字の動詞

V2・V3のひらがな1文字の動詞は、長音化した語に「な」がつくことがあります。

| みる な → みぃ な | ねる な → ねぇ な | する な → しぃ な | くる な → きぃ な |

注意 V3の「来るな」は、「きぃな」になって「着るな」と同じ発音になります。

その他

◎「V辞書形」が「る」で終わる動詞の場合は、「る」を「ん」に変えて「な」をつける形もあります。（「V辞書形＋な」→ Vんな）

| みる な → みん な | ねる な → ねん な | のる な → のん な | する な → すん な |

注意 年配の人たちが使う言い方に、「Vないな」があります。
（「Vマス形＋ない＋な」→ Vないな）

| たべる な → たべ ないな | わらう な → わらい ないな | する な → し ないな |

禁止の命令の形

(表8)

	し・ます （する）	たべ・ます （たべる）	あるき・ます （あるく）
Vな	すな	たべな	あるきな
Vーな	しぃな	×	×
Vんな	すんな	たべんな	×
Vないな	しないな	たべないな	あるきないな
	「ます」の前が ひらがな1文字 のもの	「辞書形」が「る」で 終わるもの	「ます」の前がひらがな2文字以上で、 「辞書形」が「る」で終わらないもの

命令の形 の使い方

命令の表現
大阪弁の命令の表現は「Ｖなさい」から「Ｖて（ください）」までの範囲で使えます。
　◇テレビばっかり見てんと、勉強しぃ。　　　　　　　　勉強しなさい。
　◇お父ちゃん、よう見ぃな。それ、私のＴシャツやん。　　よく見てよ。

勧めの表現
「Ｖば（～すれば…？）」と、相手に勧めるときにも使います。
　◇Ａ：あした、デートやねん。どこ行こ？　　　　あした、デートなんだ。どこへ行こう？
　　Ｂ：あの映画、見ぃ。おもろいでぇ。　　　　　あの映画、見れば？ おもしろいよ。

禁止の命令の表現
◎Ｖな
　◇あんな男と　つきあいな　　　　　　　　　　　あんな男とつきあうな。
◎Ｖーな（のばす音を強くいいます）
　◇こっちへ　来ぃな。　　　　　　　　　　　　　こっちへ来るな。
◎Ｖんな（強い禁止）
　◇そんなに怒んなや。　　　　　　　　　　　　　そんなに怒るなよ。
◎Ｖないな（「Ｖないで」というぐらいのやわらかい表現です。）
　◇しつこう　言いないな。　　　　　　　　　　　しつこく言わないで。

注意　「な」の表現
「Ｖ（マス形）な」の形は「な」の働きによって意味が変わります。
アクセントが違うので、注意しましょう。

命令の表現と終助詞「な」「や」の関係

◎終助詞なし 「Ｖ」
　強い命令を表すときは終助詞「な」は使いません（この形は女性でも使えます）。

早く、食べろ！

◎命令の形の長音化＋助詞 「Ｖーや／な」
　共通語の命令（「食べろ」）と同じニュアンスですが、相手への非難や苛立ちが含まれることが多いです。

早く、食べなさいよ。（遅いよ！）

◎命令の形＋助詞 「Ｖや／な」
　アクセントの位置によって意味が違います。

＜命令＞　　　　　　　　　　　　　　＜勧め＞

食べなさい　　　　　　　　　　　　食べたほうがいいよ

Ｖてんと の使い方

　大阪弁の命令の表現と一緒に使うことが多い「Ｖてんと」は、UNIT 2 の「Ｖてんとあかん」と、形は同じですが、意味は違います。
　①「Ｖてんとあかん」（UNIT 2）は「Ｖていなければならない」の意味です。
　②「ＶⅠてんとＶⅡ（命令の形）」は「ＶⅠていないでＶⅡなさい」の意味です。
アクセントが違うので注意しましょう。

Ｖてんとあかん　　　　　Ｖていなければ（ならない）

◇待ってんとあかん。　　　　（楽譜：まってんとあかん）　　　　待っていなければならない。

Ｖてんとｖ（命令の形）　　Ｖていないで（Ｖしろ）

◇待ってんと行き。　　　　（楽譜：まってんといき）　　　　待っていないで、行きなさい。

コラム 2

一拍語（いっぱくご）を二拍語的（にはくごてき）に話（はな）す

大阪弁（おおさかべん）では、共通語（きょうつうご）の一拍語（いっぱくご）の母音（ぼいん）をのばして二拍語的（にはくごてき）に発音（はつおん）します。

- 蚊(カア)にかまれた
- 気(キイ)(を)つけや
- 胃(イイ)が痛(いた)い
- きれいな目(メエ)やなぁ
- 戸(トオ)がしまったある
- また背(セエ)のびた
- 歯(ハア)洗(あろ)た
- 長(なが)い毛(ケエ)や
- 湯(ユウ)がわいたで
- 汚(きたな)い手(テエ)や
- ちょっと字(ジイ)書(か)いて
- お～い、茶(チャア)くれ

また、数（かず）の数（かぞ）え方（かた）にも母音（ぼいん）を伸（の）ばして、メロディーをつけるという特徴（とくちょう）があります。

```
  1      2      3      4      5
 いーち   にーい  さーん  しー   ごーお
```

小数点（しょうすうてん）の言（い）い方（かた）も一拍（いっぱく）のものは伸（の）ばします。

にイてん ごオ
2．5

ごオてん ごオ
5．5

45

UNIT 6 　よう　わからん
よく　わからない　〜可能否定の表現〜

コマ1:
- 2才です。
- かいらしいな。いくつ？
- 名前は？
- マキコ。

かわいいわ。いくつ？

2才です。

名前は？

コマ2:
- よう、言うわ。あんな子に。うち　よう言わんわ。
- そやけど。

よく言うわね。あんな子に。わたしは言えないわ。

（それも）そうだけど。

コマ3:
- どんな子でもかわいいもんや。
- あんたの言うこと、よう、わからんわ……。

どんな子でも、かわいいものよ…。

あなたの言うこと、よくわからないわ…。

コマ4:
- 行くでぇ。ヨーコ！！
- おかぁちゃぁん…。

行くわよ。ヨーコ!!

おかぁちゃぁん…。

6 問題

1
CDを聞いて、例のように書いてください。

例	たべられない	①		②	
③		④		⑤	
⑥		⑦		⑧	
⑨		⑩			

2
ようこさんの恋人について、友達のあきこさんが聞いています。
CDを聞いて、ようこさんの恋人ができるものに○、できないものに×を書いてください。

a ( )　b ( )　c ( )　d ( )

e ( )　f ( )

g ( )　h ( )

ようこさんの恋人

3
CDを聞いて、「することができない」という意味のものにはA、「はっきりわからない」という意味のものにはBを書いてください。例を聞いてください。

例	A	①		②		③		④	
⑤		⑥		⑦		⑧		⑨	

6 文法ノート

可能否定の表現

> ▶ポイント　Ｖことができない　⇒　ようＶへん／Ｖん
>
> 大阪弁の「ようＶへん／Ｖん」を使った表現には、「はっきりＶない」という意味と、「Ｖことができない」という不可能の意味があります。

例　　　　　　　　　　　　　　　　　　　　　　　　　　　　　　　　🔘31

① 声、小さいから、よう聞こえん。　　　声が小さいから、よく聞こえない。
② そんなアホらしい質問、先生によう聞かんわ。　　そんなバカらしい質問、先生に聞けないよ。

ようＶへん／Ｖん　の作り方

Ｖ１・Ｖ２・Ｖ３とも、「よう＋Ｖナイ形＋へん」「よう＋Ｖナイ形＋ん」です。

```
よく　わからない              たべることができない
↓　　　↓                      ↓
よう　わかれへん／わからん      ようたべへん／ようたべん
```

注意　（Ｖへん⇒ UNIT 1）（Ｖん⇒ UNIT 2）

ようＶへん／Ｖん　の使い方

「はっきりＶない」

この「よう」は共通語の「よく」という意味です。この時に使う動詞は「わからない・知らない・見えない・聞こえない…」などの動詞（知覚動詞）です。

　　◇あの先生の説明は、ようわからん。　　あの先生の説明は、よくわからない／はっきりわからない。

(表9)

知覚動詞	Vへん	Vん	
わからない	○	○	わかれへん／わからん
知らない	△	○	（しらへん）／しらん
見えない	○	*△	みえへん／（みえん）
聞こえない	○	*△	きこえへん／（きこえん）

「Vへん」と「Vん」の使い分け

＊「よう見えん」「よう聞こえん」は、終助詞「ねん…」等がついた時は「よく見える」「よく聞こえる」の意味になるので「Vへん」を使います。

「Vことができない」

この時に使う動詞は知覚以外の動詞です。不可能の意味は文によって変わります。

◎能力的に不可能
　◇中国語は、よう話さん。　　　中国語は話すことができない。

◎心情的に不可能
　◇あんな、恐い映画、よう見ん。　あんなに恐い映画は、見ることができない。

注意　「〜したいけれども（ほかからの事情で）できない」という時は、「Vられへん」（⇒ UNIT 1）を使います。
　　　◇ あしたテストがあるから今晩テレビ見られへん。（×よう見ん）
　　　　あしたテストがあるから、今晩、テレビ（を見たいけれども）見ることができない。

◎「Vへん」と「Vん」の使い分け

自分のことを言うときには「ようVん」、第三者のことを言うときには「Vへん」を使うことが多いです。

　◇ こんなにぎょうさん、よう食べんわ。　こんなにたくさん、＜わたしは＞食べられない。
　◇ こんなにぎょうさん、よう食べへんわ。　こんなにたくさん、＜あの人は＞食べられない。

「よう」のアクセント

「はっきりVない」と「Vことができない」で、「よう」のアクセントが違います。

　◇ようわからん・よう聞こえん。（はっきりVない）　　◇よう見ん・よう食べん。（Vことができない）

　　　　よう（わからん）　　　　　　　　　　　　　　よう（みん）

　はっきりわからない・はっきり聞こえない。　　　　　見ることができない・食べることができない。

その他

◎「よう＋V」→この場合の「よう」は共通語と同じで、「たいへん・非常に」という驚きや感心の意味と、「そんなものをよくVするね」という呆れの気持ちがあります。

　　◇あの子、よう勉強するねぇ。　　　　あの子は、大変よく勉強するね。（驚き・感心）
　　◇そんなまずいもん、よう食べるわ。　そんなにまずいものをよく食べるね。（あきれ）

◎「よう言うわ」「ようやるわ」「よう言わんわ」→「よう言うわ」は「（あなたは）大変なことを言う」、「ようやるわ」は「（あなたは）大変なことをする」という意味で、話し手の呆れの気持ちと相手を責める気持ちを表します。「よう言わんわ」は相手の「言うこと・すること」に対して「わたしには何も言う言葉がない」と、さらに強く呆れる気持ちを表します。

「宿題、手伝ってよ。」
「よくそんなことを言うわ。
　自分でしなさい。」

「みんなお母さんにやってもらってるよ。」
「よくそんなことするわね。自分でしなきゃ
　ダメでしょう。しかたないなぁ。」

「あっ、宿題わすれているよ。
本当にもう知らない！」

コラム 3
「おばんざいやさん」に行こう!!

関西に来たら、「おばんざいやさん」惣菜屋をのぞいてみましょう。
そこには関西ならではの不思議なメニューがズラリと並んでいます。
ここでそのいくつかを紹介しましょう。

- つきだし　　　　　　（お通し）
- かんとだき　　　　　（おでん）
- なんきんのたいたん　（かぼちゃの煮付け）
- かしわとお菜のたいたん　（鶏肉と菜っ葉の煮物）
- かやくごはん　　　　（五目飯）
- おじや　　　　　　　（雑炊）
- ばらずし　　　　　　（ちらしずし）
- まむし　　　　　　　（うなぎ）
- おこうこ　　　　　　（おしんこう）

UNIT 7 何してはるの?
何していらっしゃるの？　〜尊敬の表現〜

コマ1（左）:
ねぇ、ねぇ、ごっつい ええ男、おるわ。
どこ？

コマ1（右）:
ねぇ、ねぇ、すごくいい男がいるわ。

どこ？

コマ2（左）:
あっこに座ってはる人。
こっち、見てはるわ。
ほんまやぁ。

コマ2（右）:
あそこに座っている人。こっちを見ているわ。

ほんとだ。

コマ3（左）:
や、立ちはった。
きゃあ、来はったわ。
どないしょ。

コマ3（右）:
あっ！立ったわ。
きゃあ、来たわ。どうしよう。

コマ4（左）:
あ！

あっ！

コマ4（右）:
こけはった。
みっともなぁ。
ほな、行こか。次、さがそ。

転んだ。みっともないわ。
じゃぁ、行こうか。次、さがそう。

7 問題

1 CDを聞いて、番号を（　）に書いてください。例を聞いてください。 🎧33

[例]　行く……………………いらっしゃる

a.（　　）言う………………おっしゃる
b.（　　）来る………………いらっしゃる（おいでになる）
c.（　　）着る………………おめしになる
d.（　　）食べる……………めしあがる
e.（　　）持っている………もっていらっしゃる
f.（　　）知っている………ごぞんじだ
g.（　　）見る………………ごらんになる
h.（　　）持って行く………もっていらっしゃる

2 CDの質問を聞いて、共通語の答えをA〜Hの中から選んでください。例を聞いてください。 🎧34

A：はい、行こうと思っています。　　E：駅前のデパートで買いました。

B：いいえ、まだ読んでいません。　　F：いいえ、けっこうです。

C：ええ、聞きましたわ。　　　　　　G：ええ、ちょっとそこまで…。

D：ありがとうございます。　　　　　H：ええ、いいですよ。

例	B	①		②		③	
④		⑤		⑥		⑦	

3 次の会話を聞いてください。二人（AさんとBさん）の関係は次のどれでしょうか。例を聞いてください。

例

友達	知り合い	目上／はじめての人
(AB)	(A)(B)	(A)—(B)
( )	(○)	( )

①

(AB)	(A)(B)	(A)—(B)
( )	( )	( )

②

(AB)	(A)(B)	(A)—(B)
( )	( )	( )

③

(AB)	(A)(B)	(A)—(B)
( )	( )	( )

④

(AB)	(A)(B)	(A)—(B)
( )	( )	( )

7 文法ノート

尊敬の表現

> **▶ポイント**　おVになる　⇒　Vはる
> 大阪弁では「Vはる」の形で尊敬の意味を表します。また、尊敬の意味だけでなく単に丁寧な表現としても使います。

例　🎧36

① 先生が食べはる。　　　　　先生が召し上がる／お食べになる／食べられる。
② 近頃の子は、よう勉強しはる。　最近の子供は、よく勉強する。

Vはる の作り方

V1・V2・V3の場合　「Vマス形＋はる」

```
よみ ます       おり ます       き ます       し ます
　 ↓              ↓             ↓            ↓
   はる           はる           はる          はる
```

V1　お読みになる→よみ・はる　　お歌いになる→うたい・はる
V2　お降りになる→おり・はる　　ご覧になる→み・はる
V3　いらっしゃる（くる）　→　き・はる
　　なさる　　　（する）　→　し・はる

注意　地域や人によってV1は、「Vナイ形＋はる」となる場合もあります。
　　　よみ・はる ⇒ よま・はる　　うたい・はる ⇒ うたわ・はる

注意　地域や人によってV3は、「Vマス形＋やはる」となる場合があります。
　　　き・はる ⇒ き・やはる　　し・はる ⇒ し・やはる

Vはるの変化

(表10)

基本形	マス形	ナイ形	テ形	タ形
よみはる	よみはります	よみはれへん	よみはって	よみはった

その他

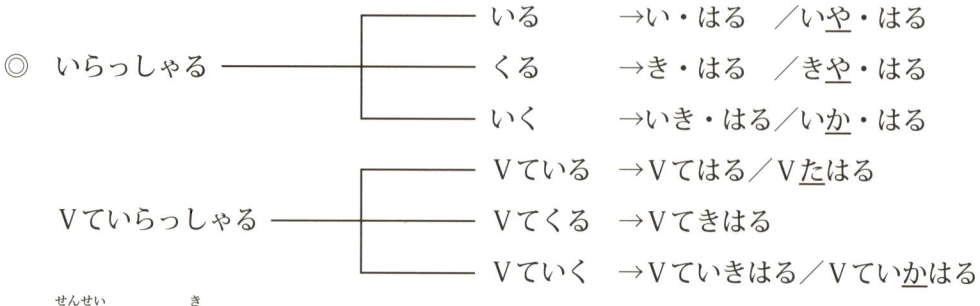

◎　いらっしゃる ─┬── いる　　→い・はる　／いや・はる
　　　　　　　　　├── くる　　→き・はる　／きや・はる
　　　　　　　　　└── いく　　→いき・はる／いか・はる

　　Vていらっしゃる ─┬── Vている　→Vてはる／Vたはる
　　　　　　　　　　　├── Vてくる　→Vてきはる
　　　　　　　　　　　└── Vていく　→Vていきはる／Vていかはる

◇先生、ＣＤ聞いてはるよ。　　　　　　先生、ＣＤ聞いていらっしゃるよ。
◇先生、ＣＤ聞いたはるよ。

◎　Vてくださる（Vてくれる）　　→　Vてくれはる
◎　Vてごらんになる（Vてみる）　→　Vてみはる
◎　Vてしまわれる（Vてしまう）　→　Vてしまいはる／Vてしまわはる
◎　Vてもらわれる（Vてもらう）　→　Vてもらいはる／Vてもらわはる
◎　Vてあげられる（Vてあげる）　→　Vてあげはる　／Vたげはる

Vはる　の使い方

共通語と同じところ

尊敬の表現は、みんな「Vはる」で言うことができます。また、尊敬の気持ちだけでなく、相手に対する親しさの程度によって「はる」と「はります」を使い分けます。

(とても親しい) 仲間・友達	(少し知っている) 他人	(はじめての人) 遠い関係・目上
Ⓐ Ⓑ	Ⓐ Ⓑ	Ⓐ―Ⓑ
よむ	よみはる	よみはります
よむ	よまれる	およみになります

共通語と違うところ

◎ 自分の家族のことを言う場合

◇うちのお父ちゃん、まだ帰りはらへんねん。　　うちのお父さん、まだ帰らないんですよ。
◇お母ちゃん、まだ怒ってはるわ。　　　　　　　お母さん、まだ怒っているわ。

◎ 動作をする主体に興味を持って客観視して言う場合

◇最近の若い人は、けったいな格好してはるなぁ。　最近の若い人は、変な格好をしているな。
◇あの人だれ？　きれいな顔してはるわ。　　　　　あの人だれ？　きれいな顔しているわ。
◇あの犬、見てみ。気持ちよさそうに寝てはるわ。　あの犬、見て。気持ちよさそうに寝ているわ。

UNIT 8 行くんやったら 買うてきて
行くんだったら 買ってきて　〜仮定・推量の表現〜

おれ、ちょっと、ハガキ、出してくる。

あ、駅前に行くんだったら、
　牛乳買ってきて。

え〜！
　スーパーはポストより遠いじゃないか。

スーパーの前でタコ焼き、買ってきても
　いいから。

ただいま。

牛乳は？

スーパー休みだったから、
　タコ焼きだけ買ってきたよ。

なーんだ。牛乳飲みながら、
　タコ焼き食べたかったのに…。

変わった好みだなぁ。

8 問　題

1 男の人の話を聞いて、女の人が答えています。女の人の答えはどれが正しいですか。A・B・Cの中から正しい答えを選んでください。
例を聞いてください。

例： | A |

① □　　　② □
③ □　　　④ □
⑤ □　　　⑥ □

2 次の「〜や」はAの意味ですか。Bの意味ですか。
CDを聞いて、□にA、Bの記号を書いてください。

A： そこに、座れや。
　　　↓
　　そこに、座れよ。

B： これ、重かったんや。
　　　↓
　　これ、重かったんだ。

① □　　② □　　③ □
④ □　　⑤ □　　⑥ □
⑦ □　　⑧ □　　⑨ □
⑩ □

8 文法ノート

仮定・推量の表現

> ▶ポイント　〜だ ⇒ 〜や
>
> 共通語の「〜だ」は大阪弁では「〜や」になります。共通語の仮定の表現「だったら」は「やったら」、推量の表現「だろう」は「やろ（う）」になります。

例

① A：あした、雨ふるやろか。　　　　あした、雨ふるだろうか。
　 B：ふらんやろ。　　　　　　　　　ふらないだろう。
② A：阪神百貨店、休みやったら、阪急行こか。
　　　　　　　　　　　　　　阪神百貨店が休みだったら、阪急に行こうか。
　 B：うん、そうやな。　　　　　　　うん、そうだな。

〜や の作り方

共通語の「だ」の部分が「や」に変わります。

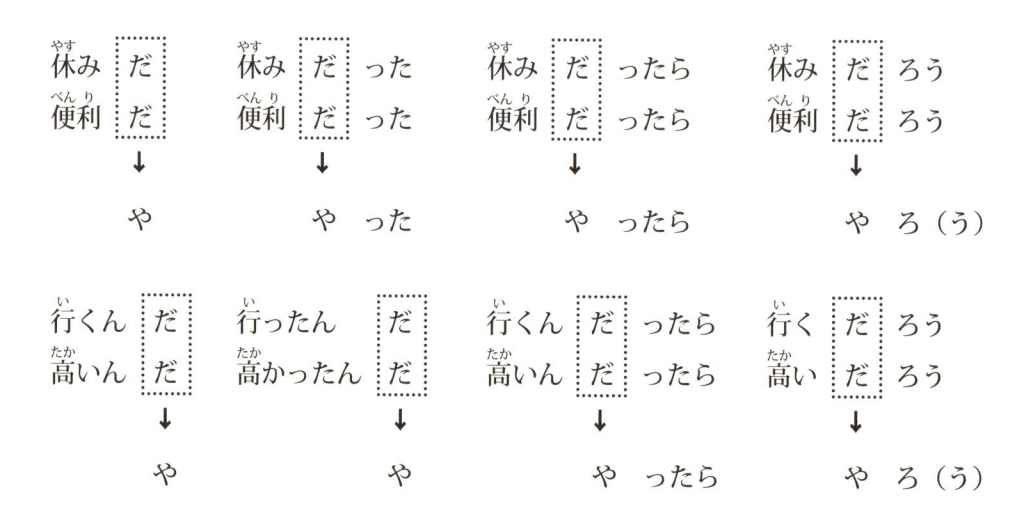

休み	だ	休み	だった	休み	だったら	休み	だろう
便利	だ	便利	だった	便利	だったら	便利	だろう
↓		↓		↓		↓	
や		やった		やったら		やろ（う）	

行くん	だ	行ったん	だ	行くん	だったら	行く	だろう
高いん	だ	高かったん	だ	高いん	だったら	高い	だろう
↓		↓		↓		↓	
や		や		やったら		やろ（う）	

注意 接続の形も「だ」が「や」に変わります。文と文をつなぐときは、「そうやけど（せやけど）」「そうやから（せやから）」になります。

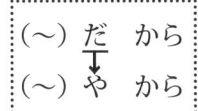

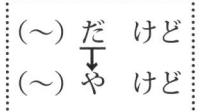

```
(〜) だ から        (〜) だ けど
    ↓                  ↓
(〜) や から        (〜) や けど
```

◇あしたテストやから、勉強するわ。　　あしたテストだから、勉強するよ。
◇あしたテストや。せやから勉強するわ。　あしたテストだ。だから勉強するよ。
◇今日は日曜やけど、会社行くねん。　　今日は日曜だけど、会社に行くんだ。

注意 [疑問詞＋（だ）か＋わからない]の場合、共通語では「だれだかわからない」「だれかわからない」の2つの言い方がありますが、大阪弁では、「だ」が「や」に変わって「か」を言いません。

```
だれ だか わからない    どこ だか    なん だか    いつ だか    どんな の だか
    ↓                     ↓            ↓            ↓              ↓  ↓
    や わからん           や            や            や              ん  や
```

〜や の使い方

使い方は共通語の「だ」と同じです。

◇大阪の地下鉄は便利やなぁ。　　　　大阪の地下鉄は便利だなぁ。
◇あっ、約束は12時やったんや。　　　あっ、約束は12時だったんだ。
◇1ヵ月で日本語覚えるんは、無理やろ。　1ヵ月で日本語を覚えるのは、無理だろう。
◇新幹線やったら、2時間半や。　　　新幹線だったら、2時間半だ。

注意 共通語の否定の表現「～ではない（じゃない）」は「～やない」になります。この形は否定の意味だけではなく、音の違いによって驚きを表したり、はっきりわからない時の疑問の意味にも使います。

◇あれ？ 今、12時やないよ。この時計、変や。（否定）
　　　　　　　　　　　　　　　　　　あれ？ 今12時じゃないよ。この時計、変だ。

◇いゃぁ！ 田中さんやない。久しぶり。（驚き）
　　　　　　　　　　　　　　　　　　いゃぁ！田中さんじゃない。久しぶり。

◇よう見えへんけど、あれ田中さんやない？（疑問）
　　　　　　　　　　　　　　　　　　よく見えないけど、あれ田中さんじゃない？

注意 終助詞の「～や」（⇒ UNIT 4）との違いに注意しましょう。動詞のテ形・命令の形・禁止命令の形につく場合は共通語の終助詞「よ」と同じように使い、この課の「や」とは違います。

(表11)

終助詞の「や」		「だ」→「や」	
あした、来てや	あした、来てよ	きのう、来たんや	きのう、来たんだ
これ、食べや	これ、食べろよ	京都は静かや	京都は静かだ
廊下、走りなや	廊下、走るなよ	これ、安かったんや	これ、安かったんだ

コラム 4

イ形容詞の「イ」抜け

大阪弁では感動したり、びっくりした時などにイ形容詞の最後の「イ」を発音しなかったり、「イ」の前の音を長音にしたりする場合があります。また、強めるときには、小さな「っ」が入ることもあります。

おぉ、さぶ!!	わぁ、さむい!!
	（注意「さむい」は「さむ」「さぶ」両方使います。）
おぉ、こわ!!	おぉ、こわい!!
くっさぁ!! これ何？	くさい!! これ何？
わぁ〜、きたなぁ!!	わぁー、きたない!!
はっや〜、もうでけたん？	はやい、もうできたの？
うっま〜、めっちゃ うまいやん。	おいしい、すごく おいしいじゃない。

UNIT 9 結婚しよってん
結婚したんだ ～第三者の行為の表現～

よう!! あの前田が社長令嬢と結婚したんだって。

うまくやったな。ごまをすったのかな。

いいな。おれ、金借りに行こうかな。

それがねえ。その会社、倒産したんだってさ。

おっ、前田だ!

逃げようぜ。

9 問題

1

CDの大阪弁（おおさかべん）を例（れい）のように書（か）き換（か）えてください。 🎵42

例（れい）： リーくんは、来月（らいげつ）、国（くに）に ＿＿＿かえる＿＿＿。

① この子（こ）は よく ＿＿＿＿＿＿＿＿＿＿＿＿＿。

② ともだちが 家（いえ）に ＿＿＿＿＿＿＿＿＿＿＿＿＿。

③ 太郎（たろう）くんは 来月（らいげつ）、3歳（さい）に ＿＿＿＿＿＿＿＿＿＿＿＿＿。

④ 妹（いもうと）は 去年（きょねん）、会社（かいしゃ）を ＿＿＿＿＿＿＿＿＿＿＿＿＿。

⑤ 山田（やまだ）くんは また教室（きょうしつ）で ＿＿＿＿＿＿＿＿＿＿＿＿＿。

⑥ あいつは テレビゲームばっかり ＿＿＿＿＿＿＿＿＿＿＿＿＿。

⑦ あの子（こ）は ずっと ＿＿＿＿＿＿＿＿＿＿＿＿＿。

⑧ やまちゃんは とても ＿＿＿＿＿＿＿＿＿＿＿＿＿。

2 CDの会話を聞いてください。どの絵の会話か、番号を書いてください。例を聞いてください。 43

(例)

a (　　　)　　　b (　　　)

c (　　　)　　　d (　　　)

9 文法ノート

第三者の行為の表現

> **▶ポイント** Ｖやる ／ Ｖよる
> この表現に対応する共通語はありません。
> 第三者の行為・状態に対して使い、話し手の感情を表します。

例　🔘44
① 女：ゆうこちゃん、きれいになりやったねぇ。　　ゆうこちゃん、きれいになったねぇ。
　 男：ほんま、きれいになりよったなぁ。　　　　　本当にきれいになったなぁ。
② 女：山田君、元気にしてやる？　　　　　　　　　山田君、元気にしている？
　 男：うん。みんなに会いたいって言うとったでぇ。　うん。みんなに会いたいって言ってたよ。

Ｖやる・Ｖよる の作り方

辞書形の場合

「Ｖマス形＋やる／よる」→Ｖやる／よる

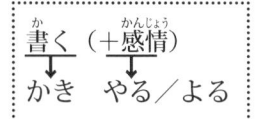

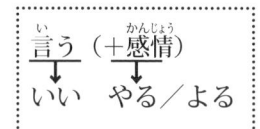

```
書く（＋感情）        言う（＋感情）
  ↓                    ↓
かき　やる／よる    いい　やる／よる
```

Ｖている／Ｖていた の場合

「Ｖテ形＋て＋やる」　→　Ｖてやる
「Ｖテ形＋て＋やった」→　Ｖてやった

```
持っている（＋感情）     持っていた（＋感情）
  ↓      ↓               ↓      ↓
もって　やる            もって　やった
```

注意　「Ｖテ形＋よる」は、「Ｖとおる／Ｖとった」となり、UNIT 14で扱います。

Ｖやる・Ｖよる の使い方

女性言葉・男性言葉
一般に、「Ｖやる」は女性、「Ｖよる」は男性が使います。
しかし、女性でも強い感情を表すときは男性言葉に近くなるので、「Ｖよる」を使います。

第三者に使う表現
「やる」「よる」は第三者の行為・状態に対して使います。

大阪弁	共通語
ゆうこちゃん きれいに なりやった ねぇ / ほんまや ねぇ	ゆうこちゃん きれいに なったね / ほんとねぇ
ゆうこちゃん＝第三者	

大阪弁	共通語
きれいに なったねぇ / ありがとう	きれいに なったねぇ / ありがとう
ゆうこちゃん＝あなた	

「Vやる／よる」と「Vはる」の関係

(表12)

「今時分は、あの子、もうロンドンに着いてやるころやなぁ」	
VS	
「今時分は、あの人、もうロンドンに着いてはるころやなぁ」	
Vやる／Vよる	Vはる（⇒ UNIT 7）
心理的距離：近い（親しい）	心理的距離：遠い（あまり親しくない）
家族・友達・目下の人に使う	他人・目上の人に使う

感情表現

◎感嘆・驚き

A：あいつ、ようあんな難しい大学に合格しよったなぁ。

　　　　　　　　　　　　　　　　　　あいつ、よくあんな難しい大学に合格したなぁ。

B：ほんと、よう頑張りやったねぇ。　ほんと、よく頑張ったねぇ。

◎さげすみ

A：田中、また今日も宿題忘れよってんでぇ。

　　　　　　　　　　　　　　　　田中、また今日も宿題忘れたんだよ。

B：ほんまか、あいつアホやなぁ。　ほんとう？　あいつバカだなぁ。

強い感情表現　や　からかい

注意　この表現は2人称にも使います。強い感情表現では、女性も「Vよる」を使うことが多いです。「Vよる」は主にN音（ねん・なぁ）やD音（でぇ）の前で「る」が「ん」に変わる場合があります。

<感嘆・驚き>

無茶しよんなぁ、おまえ。
無茶するな、きみ

<怒り>

おまえ、何しよんねん！！
きみ、なにするんだ！！

<からかい>

や～い、や～い、
こいつ、また、ふられよった。

わ～い、わ～い、
こいつ、また、ふられたよ。

注意 「Vてやる・Vてやった」は大阪弁でも「Vてあげる」の意味があります。アクセントの違いに注意しましょう。

◇彼女のカバンを持ってやった。　　（持ってあげた）

◇彼女、変なカバン持ってやったわ。　（持っていた）

注意 神戸より西の地方では「Vよった」を第三者以外の行為・状態にも使うことがあります。

◎「消える・落ちる」などの瞬間動詞と一緒に使うと「もう少しで〜になるところだった」という意味になります。

◇風が強いから、もうちょっとで火 消えよったでぇ〜。
　　　　　　　　　　　　　　　風が強いから、もう少しで、火が消えるところだったよ。
◇危な〜！あと一歩で死によった。　　危ない！あと一歩で死ぬところだった。

◎「食べる・書く」などの継続動詞と一緒に使うと「もう少しで〜するところだった」という意味と、「〜していた」という意味になります。

◇A：それ食べたらあかん。腐ってるでぇ。　それ食べたらだめ。腐ってるよ。
　B：はよ、言うてぇな。もうちょっとで食べよった。
　　　　　　　　　　　　　　　はやく言ってよ。もう少しで食べるところだった。
◇うちも、子供んとき、ようあの公園で遊びよったわ。
　　　　　　　　　　　　　　　わたしも子供の時、よくあの公園で遊んでいたわ。

UNIT 10 ついに0点 とってしもた

ついに0点 とってしまった ～残念・完了の表現～

［コマ1］
ついに0点とってしもた。
おかあちゃんに どない言お。

ついに0点とってしまった。
お母さんに何て言おう。

［コマ2］
イェーイ！ おかあちゃん、0点やで。
ハッピーにせまるか…。

朝かイェーイ！ お母さん、0点だよ。
（ハッピーにせまるか…。）

［コマ3］
母上、0点をとったうえは、腹切りでござる。
クールにせまるか…。

母上、0点をとったうえは、
　腹切りでござる。
（クールにせまるか…。）

［コマ4］
なぁなぁ、おかあちゃん。お兄ちゃん、0点とりよったで。

ねえねえ、お母さん、
　お兄ちゃん、0点とっちゃったよ。

［コマ5］
おかあちゃんはハッピーなんとクールなんとどっちがええ？
なんぎな子やなぁ。

お母さんはハッピーなのと
　クールなのとどっちがいい？

困った子だねぇ。

10 問　題

1 CDの大阪弁は下の□の中のどの言葉と同じですか。探してみましょう。例を聞いてください。

a．太ってしまった	b．見てしまう	c．会ってしまう
d．飲んでしまった	e．壊れてしまった	f．買ってしまう
g．来てしまう	h．寝てしまった	i．間違ってしまった

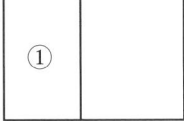

例	d	①		②		③		④	

⑤		⑥		⑦		⑧	

2 短い会話を聞いてください。この会話は下の絵のどれでしょう。CDの番号を書いてください。

a（ 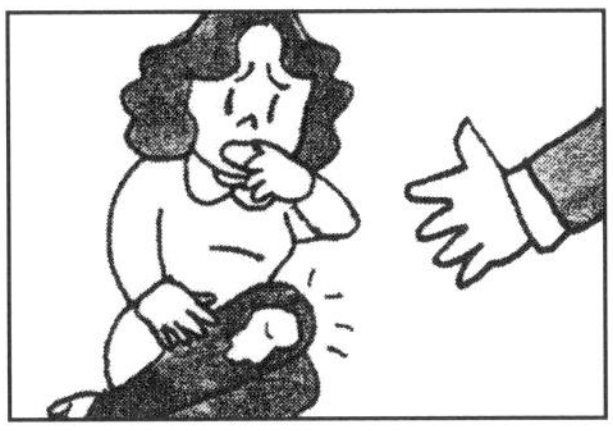　　　）　　b（ 　　　）　　c（　　　）

d（ 　　　）　　e（　　　）

3 二人の会話を聞いて、内容を短くまとめてください。 🄲48

① _____にお湯が_____て、火傷してしまった。

② _____で家が_____てしまった。

③ _____が_____くなってしまった。

④ 男の人は_____を家に_____てしまった。

　女の人はお金を_____てしまった。

⑤ _____てしまおうと思っていたのに、_____てしまった。

⑥ お父さんが_____ので、_____を

　_____てしまわなければならない。

10 文法ノート

残念・完了の表現

> **▶ポイント**　Vてしまった ⇒ Vてしもた
>
> 「Vてしまう／Vてしまった」は大阪弁で「Vてまう／Vてしもた」になります。意味は共通語と同じで、動作や出来事の完了や予期しなかったこと、そうするつもりはなかったのにそうなってしまったという後悔・残念・悲しみの気持ちを表します。

例
① もう、仕事は全部してしもた。（完了）　　もう、仕事は全部してしまった。
② 濡れた服を着てたから、風邪ひいてしもた。（後悔）
　　　　　　　　　　　　　　　　　　濡れた服を着ていたから、風邪をひいてしまった。

Vてまう／Vてしもた　の作り方

```
たべ てしまう          よん でしまう          み てしまった
  ↓                     ↓                      ↓
   てまう                 でまう                 てしもた（てしもうた）
                                                ↓
                                                 てもた
```

```
たべ てしまわない
  ↓
   てしまえへん／てしまわん
  ↓              ↓
   てまえへん      てまわん
```

◇ここまで、やっ<u>てまう</u>から待ってて。　　ここまで、やって<u>しまう</u>から待ってて。
◇あの人の名前、忘れ<u>てしもた</u>。　　　　あの人の名前、忘れ<u>てしまった</u>。
◇先に、勉強し<u>てしまえへん</u>？　　　　　先に、勉強し<u>てしまわない</u>？

Vてまう／Vてしもた の使い方

「Vてしもた」「Vてもうた」「Vてもた」
この３つの形の意味は同じです。

◇あーぁ、また失敗してもうた。　　　　　　あーぁ、また失敗してしまった。
◇ビデオみんな見てもたから、暇やなぁ。　　ビデオみんな見てしまったから、暇だなぁ。
◇あいつ、ほんまのこと先生に言うてもたでぇ。あいつ、本当のこと先生に言ってしまったよ。
◇Ａ：先に、この仕事やってまうんか？　　　先にこの仕事をやってしまうのか？
　Ｂ：いや、それはもうやってしもたわ。　　いや、それはもうやってしまったよ。

＜完了＞

このほん　みてしもた？
うん、もうみてもたでぇ～。

この本、見てしまった？
うん、もう見てしまったよ。

＜残念・後悔＞

えらいもん　みてしもうた…。

大変なものを見てしまった…。

「Vてしまえへん」「Vてしまわん」

◎「Vてしまえへん」が、一番ポピュラー（一般的）な形で、「Vてまえへん」は少しくだけた言い方です。

◇先に掃除だけ { してしまえへん？ / してまえへん？ }　　先に掃除だけしてしまわない？

◎「Vてしまわん」は、文の途中で助詞と一緒に使うことがあります。「Vてまわん」は、少しくだけた言い方です。

◇今食べて { しまわんと、/ まわんと、 } あとで食べよ。　　今、食べてしまわないであとで食べよう。

その他の形

(表13)

共通語	大阪弁	完了の機能	例文
Vてしまおう	Vてまお	相手を誘う	今日中にやってまお。
Vてしまおう	Vてまお	話者の独り言	こんな会社、やめてまお。
Vてしまえ	Vてまえ	強い命令	ほんまのこと、言うてまえ。楽になるで。
Vてしまいなさい	Vてまい	弱い命令	待っとったるから、はよやってまい。

UNIT 11 なんで？ お金ないさかい
どうして？ お金がないから　〜原因・理由の表現〜

なぁ、バイク買うてぇな。
お金ないさかい、あかん!!

ねぇー。バイク買ってよ。

お金ないから駄目。

なぁ。バイトの金も出すよって、買うてぇな。
チャリンコあるやろ。

ねぇー、バイトの金も出すから買ってよ。

自転車があるでしょ。

なんでバイクなんか買うのん？ うちは、火の車や!!
……。

どうしてバイクなんか買うの？
　うち（の家計）は火の車よ。

……。

うっとこ、あれ買うねんでぇ。
スゲーッ!!

わたしのうち、あれ買うのよ。

すごい!!

11 問題

1 CDを聞いて、理由を下の絵の中から選んでください。
例を聞いてください。

例	F

①		②		③	

④		⑤		⑥		⑦	

⑧		⑨	

2

お母さんと子供の会話を聞いてください。子供の質問にお母さんは何と答えていますか。理由を書いてください。

① 蜂が _____ から、気をつけなさい。

② 蜂は、花の蜜を _____ から、飛んでいます。

③ 蜂は赤ちゃんに蜜を _____ から探しています。

④ 蜂のお母さんは赤ちゃんが早く _____ から蜜をあげます。

⑤ 蜂の赤ちゃんは _____ から飛べません。

⑥ お母さんは _____ から、なぜ赤ちゃんに羽がないのかわかりません。

11 文法ノート

原因・理由の表現

> ▶ポイント　なぜ ⇒ なんで　から ⇒ さかい
>
> 「理由」や「原因」を聞くとき、「なんで…？」を使います。共通語の「なぜ…／どうして…？」の意味です。また、若い人はあまり使わなくなった表現ですが「から・ので」の代わりに「よって・さかい」を使います。「よって・さかい」は同じ意味です。

例

① A：なんで休んだん？　　　　　　　A：なぜ休んだの？
　 B：風邪ひいたよって。　　　　　　B：風邪ひいたから。

② 雨降ってるさかい、かさ持って行きや。　雨降ってるから、かさ持って行きなさい。

～さかい・～よって　の作り方

V1・V2・V3 の場合　　V普通体＋さかい／よって

たべる から
　　　↓
　　さかい／よって

◇食べるよって、おいといて。　　食べるからおいておいて。

やすんだ から
　　　↓
　　さかい／よって

◇学校、休んださかい、わからへん。
　　　　　　　　　　　　　　学校休んだからわからない。

注意 「Vナイ形」の時は「へん・ん」どちらも使います。（⇒ UNIT 1・2）

```
たべ ない から
 ↓  ↓   ↓
たべ  ん  さかい
    へん  よって
```
◇もう食べへんよって、捨てて。
　　　もう食べないから、捨てて。

```
やすま なかった から
 ↓    ↓     ↓
  ん        さかい
  へん      よって
```
◇学校、休まんかったさかい、ようわかる。
　　　学校、休まなかったから、よくわかる。

イ形容詞の場合　　イ形容詞の普通体＋さかい／よって

```
むずかしい から
      ↓
      さかい／よって
```
◇むずかしいさかい、わからへん。
　　　むずかしいから、わからない。

```
おもい から
    ↓
    さかい／よって
```
◇重いよって、持たれへん。重いから、持てない。

ナ形容詞・名詞の場合　　ナ形容詞（な）＋や＋さかい／よって
　　　　　　　　　　　　　名詞＋や＋さかい／よって

```
ハンサム だ から
     ↓  ↓
     や  さかい／よって
```
◇ハンサムやよって、ええなぁ。
　　　ハンサムだからいいなぁ。

```
てんき だ から
    ↓  ↓
    や  さかい／よって
```
◇天気やさかい、どっか行こか。
　　　天気だから、どこかへ行こう。

注意　「です・ます＋さかい」の時は「でっさかい／まっさかい」と「す」が「っ」に変わります。年配の人がよく使う表現です。

◇必ず行きまっさかい。　　　　　　　　　　　必ず行きますから。

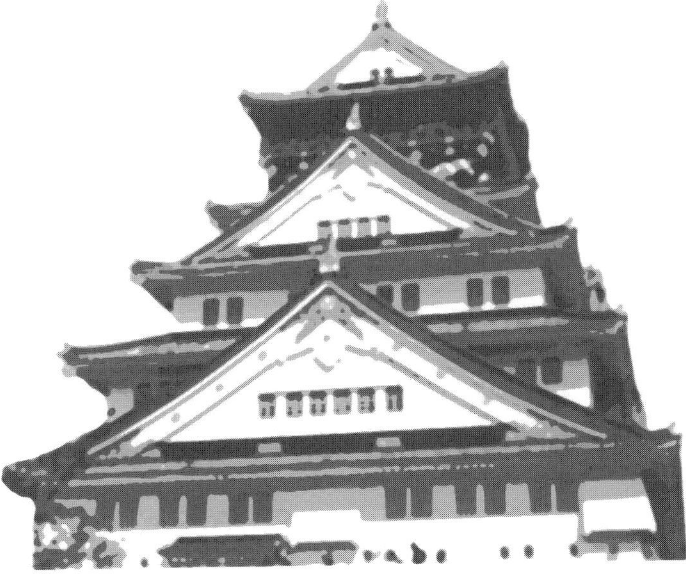

UNIT 12 そんなこと 言うかいな
そんなこと（ぜったい）言わないよ　〜疑問・強い否定の終助詞〜

ここ、あいてるで！
どこや。

ここ、あいてるよ！
どこ？

だれがつめるかい！
ムリやでおばちゃん。
えげつなぁ。
すんません。ちょっとつめてもらえる？

すみませんね。ちょっと、つめてください。
だれがつめるか！
ムリよ。おばちゃん。
ひどいなぁ。

つめてぇな！
つめたれや！
つめんかいな！

つめてよ！
つめてちょうだい！
つめろ！

発車オーライ……！

発車オーライ…！
ア〜ッ！

12 問題

1 次の表現は「強い否定」を表しています。CDを聞いて、下の絵から探してください。

| A | B | C | D |

① ② ③ ④

2 次の表現は「強い命令」を表しています。CDを聞いて、下の絵から探してください。

| A | B | C | D |

① ② ③ ④

85

3 次の表現は「疑問」を表しています。ＣＤを聞いて、下の絵から探してください。 🄒57

| A | B |
| C | D |

① ② ③ ④

4 次の表現が「強い否定」の時はＡ、「強い命令」の時はＢ、「疑問」の時はＣを書いてください。 🄒58

① ② ③ ④
⑤ ⑥ ⑦ ⑧
⑨ ⑩ ⑪ ⑫
⑬ ⑭ ⑮ ⑯
⑰ ⑱ ⑲ ⑳

12 文法ノート

疑問・強い否定の終助詞

> ▶ポイント　〜かな ⇒ 〜かいな
> 大阪弁の「〜かい(な)」は年配者によく見られる表現で、共通語の疑問を表す「〜か(な)」です。共通語でも、「この本、おもしろいかな？」という疑問の意味で使う場合と、「こんな本、おもしろいか！」(絶対おもしろくない)という強い否定として使う場合がありますが、大阪弁も同じです。また、相手に強く命令する場合や話の相づちにもこの形を使います。

例　　　　　　　　　　　　　　　　　　　　　　　　　　59

① お父ちゃん、何時に帰って来るんかいな。(疑問)　　お父さん、何時に帰って来るのかな。
② ほんまかいな。そうかいな。(相づち)　　　　　　　本当ですか。そうですか。
③ あんな奴の言うことなんか、聞くかい。(強い否定)　あんな人の言うことなんか聞くものか。
④ はよ寝んかい。もう11時やぞ。(強い命令)　　　　　早く寝なさい。もう11時だぞ。

〜かいな　の作り方

V1・V2・V3　の場合　　　　V普通体＋(ん)かいな

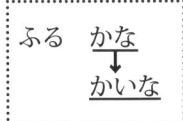

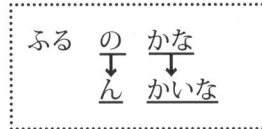

```
ふる　かな         ふる　の　かな
  ↓                  ↓   ↓
  かいな              ん   かいな
```

◇今日、雨、降るかいな。　　　　　　　今日、雨、降るかな。
◇こんなにええ天気やのに、ほんまに降るんかいな。
　　　　　　　　　　　こんなにいい天気なのに、ほんとうに降るのかな。

イ形容詞の場合　　イ形容詞の普通体＋(ん) かいな

```
おおきい　かな
　　　　↓
　　　　かいな
```

```
おいしい　の　かな
　　　　　↓　↓
　　　　　ん　かいな
```

◇この服、この子には大きいかいな。　　この服、この子には大きいかな。
◇こんな料理おいしいんかいな。　　　　こんな料理おいしいのかな。

ナ形容詞・名詞の場合　　ナ形容詞（な）・名詞＋(なん) かいな

```
だれ　かな
　　　↓
　　　かいな
```

```
ゆうめい　なの　かな
　　　　　↓　　↓
　　　　　なん　かいな
```

```
やすみ　だった　の　かな
　　　　↓　　　↓　↓
　　　　やった　ん　かいな
```

◇だれかいな、こんな遅うに…。　　　　だれかな？こんなに遅くに…。
◇あの人、ほんまに有名なんかいな。　　あの人、本当に有名なのかな。
◇なんや、休みやったんかいな。　　　　なんだ、休みだったのか。

〜かいな　の使い方

疑問を表す

「疑い」と「意外性・驚き」は同じ表現ですが、アクセントによってその意味が変わります。

<疑い・疑問>　　　　　　　　　　　　　　<意外性・驚き>

このふく　　　　　　　　　　　　　　　　このふく
たかかったん　　　　　　　　　　　　　　たかかったん
かいな？　　　　　　　　　　　　　　　　かいな！

この服、高かったのかな？　　　　　　　　この服、高かったのか！

注意　「高いかいな」は、単純に「疑問・疑い」を表し、「高いんかいな」は話し手の気持ちを強く出して「疑問・疑い・意外性・驚き」を表します。

相づちの表現

会話によく出てくる表現に「そうかいな」というのがあります。これは共通語の「ああ、そうですか。」と、相手の話に相づちを打つときに使う表現で、これも「あなたの話はおもしろいですよ。驚きました。」という聞き手の気持ちの表れではないでしょうか。

強い否定の表現

「絶対に〜ない」という話し手の強い否定の意志を表します。
さらに強調したい時は、共通語の「〜ものか」と同じで「〜もんかいな」になります。

◇あんな不親切な店、二度と行くかいな。　　二度と行くものか（ぜったい、行かないぞ！）。
◇A：あの映画、おもろかった？　　　　　　あの映画、おもしろかった？
　B：何がおもろいもんかいな。　　　　　　何がおもしろいものか（おもしろくない）。

注意　「だれがVかい！」「何が［イ・ナ形］かい！」と「〜かい」の部分を強く発音すると、強い怒りを表します。この時の話し手はかなり怒っている状態といえます。

「だれがあやまるかい！」　　　　　　　　絶対に謝らないぞ!!!

強い命令の表現

相手に対して強く命令・要求する場合に使います。「な」がつかない時は、さらに強い表現となります。この表現は動詞に使います。

◇何をぐずぐずしてんねん。はよ、せんかいな！　　何をぐずぐずしているの。早くしなさい。
◇人の話をちゃんと聞かんかい！　　　　　　　　　人の話をきちんと聞きなさい。

UNIT 13 何(なに)すんねん！
何(なに)するんだ！ ～文末(ぶんまつ)の表現(ひょうげん)I～

あ！ ゴキブリだ！

えっ、どこどこ？

あっちよ！

ただいま。
わぁ～！ 何するんだ！
おれはゴキブリじゃないぞ。

13 問題

1 CDを聞いてください。大阪弁の質問は、次のどちらを聞いていますか。例を聞いてください。

例： (とるの?) とうの?

① するの? / すむの?　　② おくるの? / おくの?

③ やむの? / やるの?　　④ くるの? / くうの?

⑤ のくの? / おくの?　　⑥ あむの? / あうの?

2 はじめに次のA、Bの共通語を読んでください。CDの大阪弁を共通語になおすと、A、Bのどちらでしょうか。正しいほうに○を書いてください。例を聞いてください。

例	A	食べるの?	B	食べたの?
①	A	行くの?	B	行ったの?
②	A	買うの?	B	買ったの?
③	A	来るの?	B	来たの?
④	A	使うの?	B	使ったの?
⑤	A	するんだ?	B	したんだ?
⑥	A	元気なの?	B	元気だったの?
⑦	A	連絡しないの?	B	連絡しなかったの?
⑧	A	見るの?	B	見たの?
⑨	A	いくらなの?	B	いくらだったの?
⑩	A	どうするの?	B	どうしたの?

3 女の人が質問します。男の人はA、Bどちらで答えたらいいですか。正しいほうに○を書いてください。例を聞いてください。 🔘63

例： | Ⓐ | B |

① | A | B | ② | A | B |

③ | A | B | ④ | A | B |

⑤ | A | B | ⑥ | A | B |

⑦ | A | B | ⑧ | A | B |

⑨ | A | B |

13 文法ノート

文末の表現 I

▶ポイント　たん・てん・ねん・のん・ん

理由や説明を聞いたり、答えたりするときに使う共通語の「～のだ」は大阪弁では「ねん・てん」になります。また、「～の」は「ん・のん・たん」になります。

例　🔘64

① A：これ、借りてもええのん？　　A：これ、借りてもいいの？
　 B：ええよ。　　　　　　　　　　B：いいよ。
② A：どないしたん？　　　　　　　A：どうしたの？
　 B：おなか、痛いねん。　　　　　B：おなかが痛いんだ。
③ A：今日、バイトあんのん？　　　A：今日、バイトあるの？
　 B：うん、きのう頼まれてん。　　B：うん、きのう頼まれたんだ。

たん・てん・ねん・のん・ん の作り方

動詞の場合

「－る」で終わる動詞

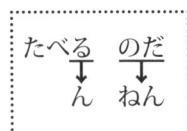

たべる のだ		ある の		ある の
↓	↓	↓	↓	↓
ん	ねん	ん	のん	ん

◇A：夏休み、何すんのん？　　夏休み、何するの？
　　　　（するん？）
　B：車の免許、とんねん。　　車の免許、とるんだ。

「－る」以外の動詞

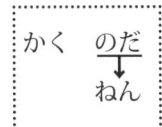

かく のだ	よむ の	よむ の
↓	↓	↓
ねん	のん	ん

◇A：どこ、行くん？　　どこ、行くの？
　　　　（行くのん）
　B：学校、行くねん。　学校、行くんだ。

動詞タ形（過去形）

| たべた のだ → てん | あった の → たん | かいた のだ → てん | よんだ の → だん |

◇A：いつ、電話したん？　　　　　　　　　　　いつ電話したの？
　B：きのうの夜、かけてん。　　　　　　　　　きのうの夜、かけたんだ。

イ形容詞の場合

| おいしい のだ → ねん | おいしい の → ん／のん | おいしかったの → たん | おいしかったのだ → てん |

◇A：大阪弁って、むずかしいん？　　　　　　　大阪弁って、むずかしいの？
　B：いいや、おもろいねん。　　　　　　　　　いいえ、おもしろいんだ。

◇A：試験、むずかしかったん？　　　　　　　　試験、むずかしかったの？
　B：うん、ごっつい、むずかしかってん。　　　うん、すごく、むずかしかったんだ。

名詞・ナ形容詞の場合

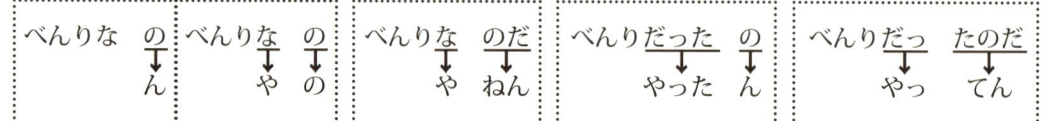

| べんりな の → ん | べんりな の → や／の | べんりな のだ → や／ねん | べんりだった の → やったん | べんりだっ たのだ → やっ てん |

◇あいつ、ずっと学校休みやけど、病気なん？　　あいつ、ずっと学校休みだけど、病気なの？
　　　　　　　　　（病気やの）

◇A：あの人、だれやの？　　　　　　　　　　　あの人、だれなの？
　　　　　　　（だれなん）
　B：うちのお兄ちゃんやねん。　　　　　　　　わたしのお兄さんなんだ。

◇大阪も昔は静かな町やってん。　　　　　　　　大阪も昔は静かな町だったんだ。

たん・てん・ねん・のん・ん の使い方

これらの文末の表現は、質問の場合と、答えの場合に違いがあります。

(表14)

疑問詞の質問 (例：どこへ行くの？)	普通の質問 (例：学校へ行くの？)	答え (例：行くんだ。)
〜ん	〜ん？	(〜んや)
〜のん	〜のん？	×
〜ねん	×	〜ねん
〜たん	〜たん？	(〜たんや)
〜てん	×	〜てん

注意 上の表の「〜ん＝〜のん」「〜んや＝〜ねん」「〜たんや＝〜てん」は、ほとんど同じニュアンスで使います。

◇行く<u>ん</u>？＝行く<u>のん</u>？　　　　　　　　　行くの？
◇結婚する<u>んや</u>。＝結婚すん<u>ねん</u>（するねん）。　結婚するんだ。
◇合格し<u>たんや</u>。＝合格し<u>てん</u>。　　　　　　合格したんだ。

注意 「だれ・いつ・どこ・なに」などの疑問詞を使った質問には、「ん・のん・ねん・たん・てん」のどれでも使うことができます。

◇いつ、来る<u>ん</u>？／来る<u>のん</u>？／来る<u>ねん</u>？　いつ、来るの？
◇どこへ行っ<u>たん</u>？／行っ<u>てん</u>？　　　　　　　どこへ行ったの？

この場合、「ん・のん・たん」は同じニュアンスで使いますが、「ねん・てん」は、話し手の不満・驚き・喜びなどの気持ちを強く表すニュアンスがあり、アクセントも変わります。

◇A：何、食べる<u>ん</u>？（食べるのん）　　　　何、食べるの？

　B：ん〜？？？　　　　　　　　　　　　　ん〜？？？

　A：何、食べる<u>ん</u>よ？　　　　　　　　　　何、食べるの？

　B：ん〜？？？　　　　　　　　　　　　　ん〜？？？

　A：何、食べる<u>ねん</u>？　はよ、決め。　　　何、食べるんだ。早く決めろ。

なに こうたん？

なに、こうてん？ そんなに ぎょうさん。

何、買ったの？

何、買ったのよ？ そんなにたくさん。

疑問詞 の作り方／使い方

いくら→なんぼ

◇A：これ、なんぼ？　　　　　　　　これ、いくら？
B：1200円です。　　　　　　　　　1200円です。
A：高いなぁ。1000円にしてぇ〜な。　高いなぁ。1000円にしてよ。
B：いや〜、なんぼ何でも、ちょっときついですわ。
　　　　　　　　　　　　　　　　　いや、いくら何でも、ちょっと苦しいですよ。

どう→どない

◇A：どないしたん？　元気ないやん。　どうしたの？　元気ないじゃないか。
B：彼女にふられてん。　　　　　　　彼女にふられたんだ。
A：またか。　　　　　　　　　　　　またか。

その他

「何か→なんぞ」「だれか→だれぞ」「どこか→どこぞ」「何も→なんも」になります。
◇A：なんぞ　ええ話、ないかいな？　　何か　いい話ないかなぁ？
B：なんも　ええことないなぁ　　　　何も　いいことないなぁ。

96

コラム5

大阪府言語地図

大阪弁といっても、地域によってさまざまなバリエーションを持っています。

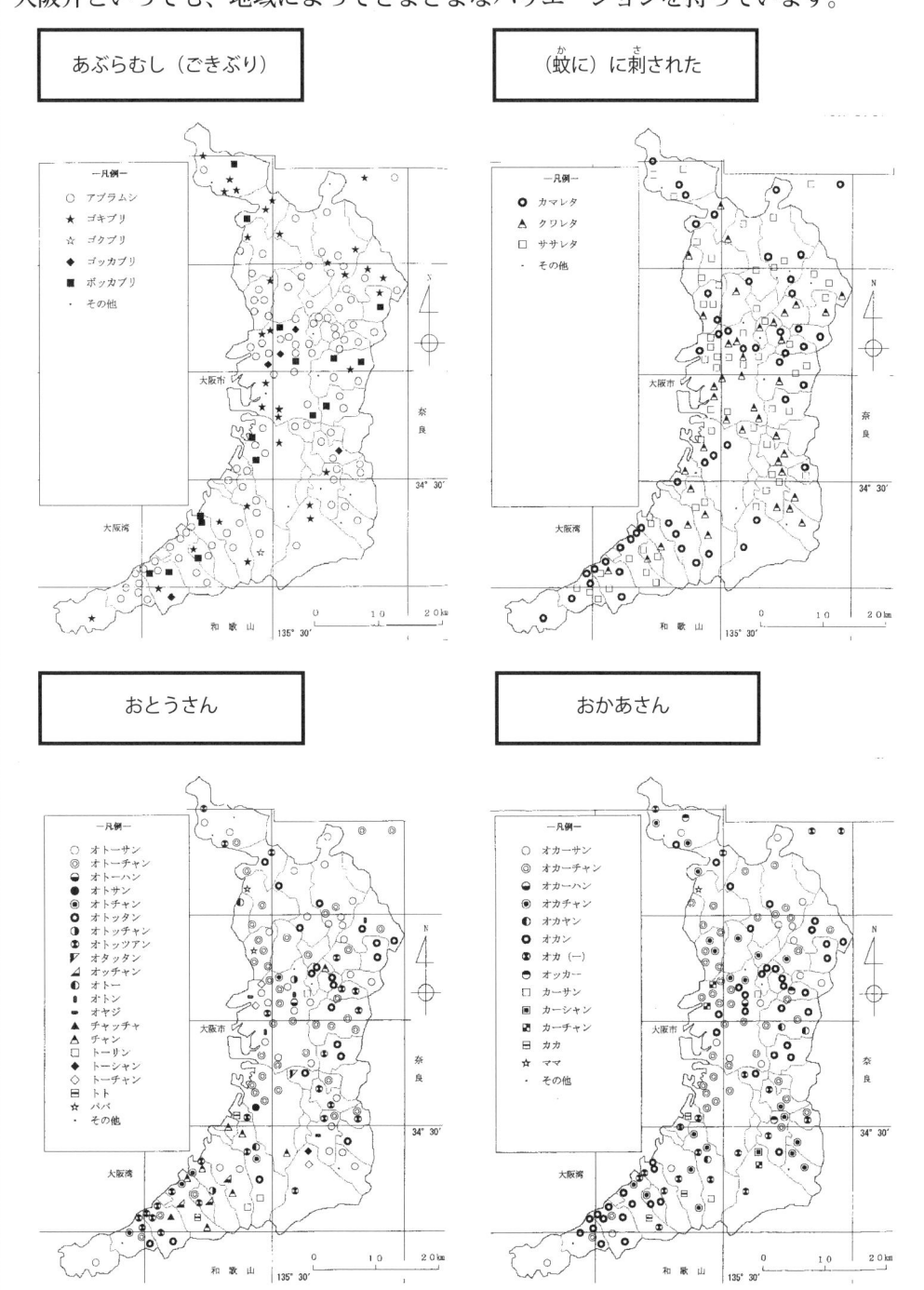

あぶらむし（ごきぶり）

― 凡例 ―
- ○ アブラムシ
- ★ ゴキブリ
- ☆ ゴクブリ
- ◆ ゴッカブリ
- ■ ボッカブリ
- ・ その他

（蚊に）に刺された

― 凡例 ―
- ● カマレタ
- ▲ クワレタ
- □ ササレタ
- ・ その他

おとうさん

― 凡例 ―
- ○ オトーサン
- ◎ オトーチャン
- ⊖ オトーハン
- ● オトサン
- ◉ オトチャン
- ◐ オトッタン
- ◑ オトッチャン
- ◒ オトッツアン
- ◪ オタッタン
- ◭ オッチャン
- ⊙ オトー
- ⊘ オトン
- － オヤジ
- ▲ チャッチャ
- △ チャン
- □ トーサン
- ◆ トーシャン
- ◇ トーチャン
- ◫ トト
- ☆ パパ
- ・ その他

おかあさん

― 凡例 ―
- ○ オカーサン
- ◎ オカーチャン
- ⊖ オカーハン
- ● オカチャン
- ◉ オカヤン
- ◐ オカン
- ⊙ オカ（ー）
- ⊘ オッカー
- □ カーサン
- ■ カーシャン
- ◫ カーチャン
- ⊟ カカ
- ☆ ママ
- ・ その他

資料：近畿方言研究会『地域語資料』第5巻「大阪府言語地図」2001による。

調査期間：1990年〜1993年。答えたのは大阪府下161地点の生え抜きの70歳以上の方たち。

UNIT 14 値札(ねふだ) つけとるわ

値札(ねふだ) ついているよ　〜進行(しんこう)・状態(じょうたい)の表現(ひょうげん)〜

65

ゴトン ゴトン

あほやなぁ、
値札(ねふだ)つけとるわ。

ばかだなぁ。
　値札(ねふだ)ついているよ。

あほやなぁ。
チャック、開(あ)けとる
わ…。

ばかだなぁ。
　チャック、開(あ)いているよ…。

あほちゃうか。
車庫(しゃこ)入りやで。

ばかじゃない？
　車庫(しゃこ)入りよ。

14 問 題

1 CDの会話を聞いて、正しい絵を選んでください。例を聞いてください。

[例]
（　）　（○）

①
（　）　（　）

②
（　）　（　）

③
（　）　（　）

④
（　）　（　）

⑤
（　）　（　）

⑥
（　）　（　）

⑦
（　）　（　）

⑧
（　）　（　）

2 これは田中くんのクラスの写真です。
田中くんと友達の会話を聞いて、名前を（　）の中に記号で書いてください。

まず、会話に出てくる名前を見てください。

A：山下（やました）　B：山本（やまもと）　C：岩本（いわもと）　D：井上（いのうえ）　E：鈴木（すずき）　F：谷川（たにがわ）
G：木村（きむら）　H：太田（おおた）　I：藤原（ふじわら）　J：沢田（さわだ）　K：石井（いしい）　L：田中（たなか）

では、はじめます。

① (　　　)　② (　　　)　③ (　　　)　④ (　　　)

⑤ (　　　)　⑥ (　　　)　⑦ (　　　)　⑧ (　　　)

⑨ (　　　)　⑩ (　　　)　⑪ (　　　)　⑫ (　　　)

14 文法ノート

進行・状態の表現

> **▶ポイント** Vている（てる） ⇒ Vとる（Vとおる）
> Vてある ⇒ Vたある
>
> 共通語の「〜ている」「〜てある」は、大阪弁では「〜てる・〜とる・〜たある」といいます。共通語では「結果の状態」を表す場合「自動詞＋ている」ですが、大阪弁では「自動詞＋てる・とる・たある」を使います。また、「存在」を表す「いる」にも「ている」の形を使います。

例

① （電話での会話）
　A：今そっち、雨、降ってる？　　　　　今そっち、雨、降っている？
　B：いや、やんどるよ。　　　　　　　　いや、やんでいるよ。

② A：ビールは？　　　　　　　　　　　　ビールは？
　B：冷蔵庫に冷やしたあるよ。　　　　　冷蔵庫に冷やしてあるよ。
　A：おっ、ほんまや。冷えとる、冷えとる。　おっ、本当だ。冷えている、冷えている。
　　（冷えたある、冷えたある）

③ A：あしたの午前中、家にいてる？　　　あしたの午前中、家にいる？
　B：うん、いてると思うけど…。　　　　うん、いると思うけど…。

Vとる／Vたある　の作り方

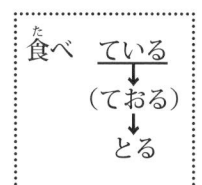

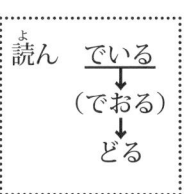

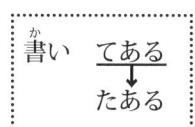

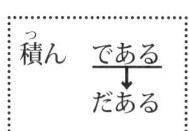

辞書形の場合

食べ ている → (ておる) → とる

読ん でいる → (でおる) → どる

書い てある → たある

積ん である → だある

タ形の場合

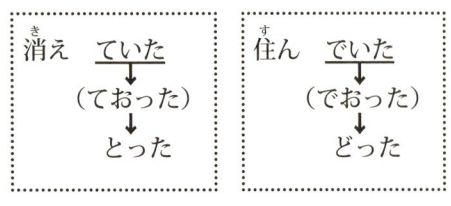

```
消え ていた        住ん でいた        開け てあった      呼ん であった
   ↓               ↓                   ↓                ↓
  (ておった)       (でおった)          たあった          だあった
   ↓               ↓
  とった           どった
```

Vとる／Vたある の使い方

共通語との比較　大阪弁には共通語にない使い方があります。

(表15)

意味	大阪弁	共通語
結果の状態	自動詞＋（ておる）とる ◇電気、ついとるで。	自動詞＋ている ◇電気、ついているよ。
結果の状態	自動詞＋てある ◇電気、ついたあるわ。	／
準備・処置	他動詞＋てある ◇切符はもう買うたあるで。	他動詞＋てある ◇切符はもう買ってあるよ。
結果の状態（有意志）	他動詞＋（ておる）とる ◇眼鏡かけとる人はだれ。	他動詞＋ている ◇眼鏡をかけている人はだれ。
進行形	他動詞＋（ておる）とる ◇今、風呂に入っとんねん。	他動詞＋ている ◇今、風呂に入っています。
結果の状態（無意志）	他動詞＋（ておる）とる ◇あっ、ズボン汚しとるよ。	／

注意 ◎大阪弁では「自動詞＋ておる／てある」で「結果の状態」を表すことが多いです。「〜てる」と比べ、「〜とる」は話し手の感情を含む（⇒ UNIT 8）ので、少しきつく感じられます。

「〜たある」は男性も使いますが、女性がよく使うやさしい表現です。

◎「他動詞＋ている」で「結果の状態」を表すとき、共通語では「意識的にしたこと」について使いますが、大阪弁では「無意識にそうなったこと」についても使います。

この時は相手に対して「失笑」の気持ちを含むこともあります。
◇あいつYシャツに口紅つけとるで。　　あいつYシャツに口紅がついているよ。

縮約形の使い方　（⇒ UNIT 13）

Vているの（ん）ですか？　→　Vてんの？／Vとん？
Vているの（ん）です。　　→　Vてんねん。
　◇A：何、してんの？　　　　　　　　何、しているの？
　　B：宿題してんねん。　　　　　　　宿題をしているの。

Vていたの（ん）ですか？　→　Vてたん？／Vとったん？
Vていたの（ん）です。　　→　Vててん。／Vとってん。
　◇A：きのう何しとったんや？　　　　きのう何をしていたんだ？
　　B：ごめん。かぜひいて寝ててん。　　ごめん。かぜをひいて寝ていたんだ。

注意 「〜たん」の後には「や」が、「〜てん」の後には「で」が共通語の終助詞「よ」の代わりにつくことがあります。
◇もう、決めたんや。　　　　　　　　もう、決めたんだ。
◇きのう行ってんで。　　　　　　　　きのう行ったんだよ。

否定の形の使い方

「Vとる／Vたある」の否定の形は、「Vとらへん・Vとらん・Vてぇへん」の3つの形が基本ですが、意味は同じです。

◇A：電気、ついとる？　　　　　　　　電気、ついている？
　B：ついとらへんよ。／ついとらんよ。　ついていないよ。
◇A：電気、つけたある？　　　　　　　電気、つけてある？
　B：つけてぇへんわ。　　　　　　　　つけてないわ。

注意　「Vたある」の否定の形に「Vたあらへん」があります。これは、自動詞・他動詞、両方使えますが、意味が変わります。

◇A：ビール、冷やしたある？　　　　　ビール、冷やしてある？
　B：ごめん、冷やしたあらへんわ。　　ごめん、冷やしてないわ。
◇このビール、いっこも冷えたあらへん。　このビール、少しも冷えていない。

注意　大阪弁では「存在」を表す「いる」という動詞にも「ている」の形が使われ「いてる・(いとる)」となります。

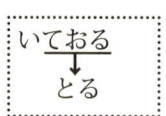

```
いている      いておる
  ↓            ↓
 てる          とる
```

◇A：もしもし、そこに太郎くんいてる？　そこに太郎くんいる？
　B：うん、いてるでぇ。　　　　　　　うん、いるよ。
◇A：先生はお子さん、何人いてはります？　先生はお子さん、何人いらっしゃいますか？
　B：3人いてます。　　　　　　　　　3人います。

「いる」の否定の形は、「いてへん・いてない・(いとらへん・いとらん)」です。
また、「いぃへん・いぃひん」(⇒ UNIT 1) も使います。
◇この部屋には、だれもいてへんわ。　　この部屋には、だれもいないよ。

注意 大阪より西の地方（神戸など）では、「Vている」を「Vとう」と言うことがあります。

(表16)

大阪方面	神戸方面	共通語
毎日、仕事し<u>てる</u> 　　　　　<u>とる</u>	毎日、仕事し<u>とう</u>	毎日、仕事し<u>ている</u>
A：今、何し<u>てん</u>の？ 　　　何し<u>とん</u>？	今、何し<u>とう</u>？	今、何し<u>ている</u>の？
B：今、掃除し<u>てる</u>とこや 　　　　　　<u>とる</u>	今、掃除し<u>とう</u>とこや	今、掃除し<u>ている</u>ところだ

UNIT 15 いっぺん 食べてみ
一度 食べてみなさい ～軽い命令の表現～

ただいま！
　おかあさん、おなかすいた。

おかえり。おやつ、そこにあるよ。

これ、何だろう。
おかあさん、これ何？

鯖寿司よ。まぁ、一度食べてみて。
ふーん。

おいしい、おいしい。
　ベッタラみたいだなぁ。

それを言うなら、バッテラでしょ。

15 問題

1 CDの質問を聞いて、話している人が命令または勧めていることを下の絵から選んでください。例を聞いてください。

(例)

①  (　　　)　②  (　　　)　③ (　　　)

④  (　　　)　⑤  (　　　)　⑥ (　　　)

⑦  (　　　)　⑧  (　　　)　⑨ (　　　)

2 CDを聞いて、形容詞を聞き取り、例のように書いてください。
例を聞いてください。 🔘71

例：（　　　　おいしい　　　　）
① （　　　　　　　　　　　　）
② （　　　　　　　　　　　　）
③ （　　　　　　　　　　　　）
④ （　　　　　　　　　　　　）
⑤ （　　　　　　　　　　　　）
⑥ （　　　　　　　　　　　　）
⑦ （　　　　　　　　　　　　）

3 CDの声は大阪弁で、何かを聞いてます。あなたがそれに共通語で答えるとき、どの答えがいいでしょうか。下のA～Gの答えの中から選んでください。例を聞いてください。 🔘72

A：ええ、使ってみて。　　　E：うん、してみれば…。
B：うん、買ってみたら。　　F：うん、呼んでみたら。
C：うん、読んでみて。　　　G：うん、行ってみれば…。
D：うん、聞いてみなさい。

例：（　A　）

① （　　　　）　　　　② （　　　　）

③ （　　　　）　　　　④ （　　　　）

⑤ （　　　　）　　　　⑥ （　　　　）

15 文法ノート

軽い命令の表現

▶ポイント　Ｖてみなさい　⇒　Ｖてみ

大阪弁では「Ｖてみ」の形で、共通語の「Ｖてみなさい」という軽い命令の意味と「Ｖてみれば…？」という人に何かを勧める意味があります。

例　　　　　　　　　　　　　　　　　　　　　　　　　　　　　　　　73

① 母：先生に聞いてみ。　　　　　　先生に聞いてみなさい。

　　子：は〜い。　　　　　　　　　　は〜い。

② Ａ：もういっぺん、彼に会うてみ。　もう一度、彼に会ってみれば…？

　　Ｂ：そないしよか。　　　　　　　そうしようか。

Ｖてみ　の作り方

たべて　みなさい　　　みて　みれば
　　　　　↓　　　　　　　　　↓
　　　　　み　　　　　　　　　み

注意　「Ｖてみ」の「み」を「みぃ」と長音にする場合もあります。

Ｖてみ　の使い方

軽い命令の表現

自分と同等か目下の人に対して使います。

◇よう、読んでみ。書いたあるやろ？　　　よく、読んでみなさい。書いてあるでしょ？

試してみるように勧める表現
自分と同等か目下の人に対して使います。

◇A：電話してみ。　　　　　　　　　電話してみれば？
　　まだ家にいるかもしれへんでぇ。　まだ家にいるかもしれないよ。

B：そないしよか。（⇒コラム6）　　そうしようか。

ケンカを売る表現
共通語の「Ｖものなら Ｖてみろ」（できないだろう）という表現に当てはまります。

◇もういっぺん、言うてみぃ。　　　もう一度、言ってみろ。
◇殴れるもんなら、殴ってみぃ。　　殴れるものなら、殴ってみろ。

コラム 6

意向形「V（よ）う」の「ウ」抜け

大阪弁では「V（よ）う」の最後の「ウ」を発音しない場合があります。

◎V1の場合　　　かこう　→かこ
　　　　　　　　のろう　→のろ　　　　　あのバスにのろ。

◎V2の場合　　　たべよう→たべよ
　　　　　　　　みよう　→みよ　　　　　さぁ、テレビみよ。

◎V3の場合　　　しよう　→しよ／しょ（っ）　さぁ、仕事しょ。

UNIT 16 そんなん 買(こ)うたかて…
そんなの 買(か)っても… ～あきらめの表現(ひょうげん)～

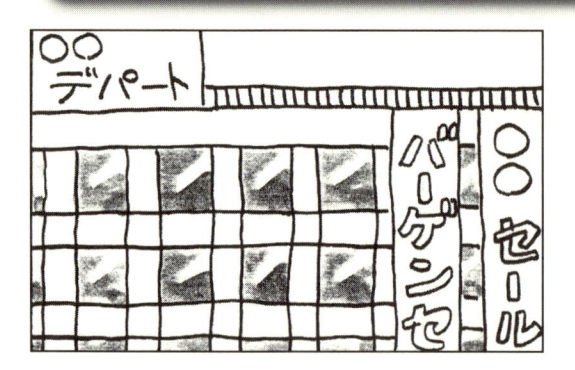

そんなん 買(こ)うたかて 使(つか)わんで。

そんなの、買(か)っても使(つか)わないよ。

買(こ)うたかて 読(よ)まへんから やめとき。

買(か)っても読(よ)まないから
　やめておきなさい。

そんなん 買(こ)うたかて…。　なんやて？

そんなの、買(か)っても……。

なんだって？

16 問題

1 CDを聞いて、適当な絵を選んでください。例を聞いてください。

(例)

a  (　　　)　　　b 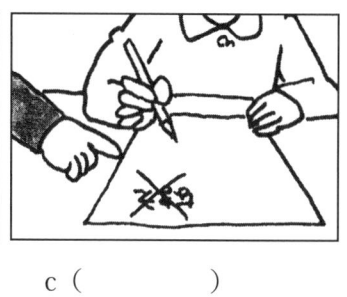 (　　　)　　　c (　　　)

d  (　　　)　　　e  (　　　)　　　f (　　　)

g  (　　　)　　　h  (　　　)　　　i (　　　)

2 CDを聞いて、適当な絵を選び、□に大阪弁と共通語を書いてください。例を聞いてください。

a	例	やすうて
		やすい

b		て

c		て

d		て

e		て

f		て

g		て

h		て

i		て

j		て

16 文法ノート

あきらめの表現

> **▶ポイント** 〜も ⇒ 〜かて
> 共通語の「〜も」は、大阪弁では「〜かて（〜かって）」といいます。また、イ形容詞が「〜ても」につく時、音が変わる場合があります。

例

① A：よう、読んだらわかるやろ。　　　　　よく、読んだらわかるだろう。
　　B：むずかしいて、なんぼ読んだかてわからへん。　むずかしくて、いくら読んでもわからない。
② A：それ、俺のやで。使わんといてや。　　それ、俺のだよ。使わないでよ。
　　B：ちょっとぐらい使うたかてええやんか。　ちょっとぐらい使ってもいいだろう。
③ これ、まずうても食うてや。　　　　　これ、まずくても食べてよ。

〜かて の作り方

①名詞の場合

テスト も	たなかさん も	わたし も
↓	↓	↓
かて	かて	かて

②ナ形容詞・名詞（普通体）の場合

大雨 であって も	便利 であって も
↓ ↓	↓ ↓
やった かて	やった かて

大雨 でなくて も	便利 でなくて も
↓ ↓	↓ ↓
やなかった かて	やなかった かて
やのうた かて	やのうた かて

←「〜やのうた かて」は、少し古い表現です。

③動詞の場合

共通語は「Vテ形」に「も」がつきますが、大阪弁は「Vタ形」に「かて」がつきます。
「Vなくても」は「Vんかて」になります。

| 見ても → 見たかて | 読んでも → 読んだかて | 見なくても → 見んかて | 読まなくても → 読まんかて |

④イ形容詞の場合

イ形容詞は「～かった」の形に「かて」がつきます。
「イ形なくても」は「イ形なかったかて」になります。

| 安くても → 安かったかて | 少なくても → 少なかったかて | 安くなくても → 安くなかったかて | 少なくなくても → 少なくなかったかて |

注意 大阪弁には「イ形容詞のウ音便」(⇒コラム7) があり、この形を使って言うこともできます。

　　安くても　　→　安うても　　　　　安くなくても　→　安うのうても
　　少なくても　→　少のうても　　　　少なくなくても　→　少のうのうても

～かて の使い方

名詞の場合（「作り方」の①）

「同質」のものが他にもあるということを示す「も」です。

◇あの人、フランス語かて話せるんよ。　　　あの人、フランス語も話せるのよ。

◇そんなん、わてかていややわ。　　　　　そんなの、わたしもいやだわ。

また、共通語と同じで「に・から・で・と」などの助詞とも接続することができます。

◇ハワイにかて行ったことがあるで。　　　ハワイにも行ったことがあるよ。

◇阪急電車でかて行けるんちゃう？　　　　阪急電車でも行けるんじゃない？

ナ形容詞・イ形容詞・動詞・名詞（普通体）の場合（「作り方」の②～④）

「いくら（どんなに）～ても」のように「程度」を表すときの「も」です。

◇いくら金持ちやったかて、あんな人嫌いや。
　　　　　　　　　　　　　　　　　いくら金持ちでも、あんな人嫌いだ。

◇会員やなかったかて（会員やのうたかて）、利用できんでぇ。
　　　　　　　　　　　　　　　　　会員でなくても、利用できるよ。

◇うちはなんぼ食べたかて、太らへんねん。
　　　　　　　　　　　　　　　　　わたしはいくら食べても、太らないの。

◇顔、悪うても、性格よかったらええやん。
　　　　　　　　　　　　　　　　　顔、悪くても、性格よかったらいいじゃない。

動詞の場合（「作り方」の③）

動詞で使う場合は、「程度」の他に、話し手の「あきらめ・不満・開き直り」などの気持ちが含まれることもあります。

◇どうせ、やったかて、うまいこといけへんでぇ。　　どうせ、やってもうまくいかないよ。

◇A：見んといて。　　　　　　　　　　　　　　　　見ないで。
　B：ちょっとぐらい見たかて、ええやんか。　　　　ちょっとぐらい、見てもいいじゃないか。

◇うちなんか、もうどうなったかて、かめへん。　　　わたしなんか、もうどうなってもかまわない。

その他

共通語の会話の中で、相手の話に同意しない時などに使う「それでも・でも」という表現を、大阪弁では「そやかて・そうかて・せやかて」と言います。

◇A：あいつ、アホやで。　　　　　　　　　　　　　あいつ、バカだよ。
　B：そやかて、あいつ頑張ってんでぇ。　　　　　　でも、あいつ頑張っているよ。

◇A：はよ、せえや。　　　　　　　　　　　　　　　早くしろよ。
　B：そうかて、むずかしいねんもん。　　　　　　　そんなこと言っても、むずかしいんだもの。

UNIT 17 やめときぃ
やめておけば… ～準備・勧めの表現～

あ、マフラー安売りしている。

ほんとうだ。

わぁ、これ、買っておこうかな。

やめておけば…？
　汚れているよ。

おじさん、すごくいい男ね。

おじさん、これ　まけておいてよ。

くすぐったいこと言うなよ。

よし、それじゃぁ思いっきりまけて
　20円引いてあげよう。

なんだ。つまらない。

17 問題

1 CDを聞いて、あてはまる動詞を下から選んで記号を書いてください。例を聞いてください。

例： a

① ② ③
④ ⑤ ⑥
⑦ ⑧ ⑨
⑩

a．たべる	b．もつ	c．かう	d．する	e．きく
f．ほうる	g．よむ	h．いう	i．まつ	j．いる
k．きる				

2 女の人は相手に「何かを勧めている」のでしょうか。「頼んでいる」のでしょうか。「勧めている」ものにはA、「頼んでいる」ものにはBを書いてください。例を聞いてください。

例： A

① ② ③
④ ⑤ ⑥
⑦ ⑧ ⑨
⑩ ⑪ ⑫

17 文法ノート

準備・勧めの表現

> ▶ポイント　Vておく ⇒ Vとく
>
> 共通語の「Vておく」は、大阪弁で「Vとく」といいます。人に何かを勧めたり、忠告したりするときに使います。

例

① 男：コーヒー、頼んどくでぇ。　　　　コーヒー、頼んでおくよ。
　　女：おおきに。ほな、うち、電話してくるわ。　　ありがとう。じゃ、わたし、電話してくるわ。

② A：この服、やめとくわ。　　　　　この服、やめておくわ。
　　B：なんで？　似合うてるのに…。　　どうして？　似合っているのに…。

Vとく　の作り方

基本形の作り方

V1・V2・V3とも同じで、共通語の「てお」の部分が「と」に変わります。

```
V て お く
  ↓ ↓
  と く
```

食べておく　→　食べとく
読んでおく　→　読んどく

この形をもとにした変化は、共通語と同じですが、「Vておかない」や「Vておいて」などは、音の変化があるので注意しましょう。

```
V て お かない        V て お きなさい       V て お いて
  ↓ ↓                  ↓ ↓                   ↓ ↓
  と けへん            と きなさい           と いて
                                             と って
```

注意　「Vといて／Vとって」は意味は同じです。

否定の形の作り方

V1・V2・V3とも、大阪弁の否定の形「Vん」（⇒ UNIT 2）を使います。

```
V ない でお く
  ↓   ↓
  ん   と  く
```

食べないでおく → 食べんとく
行かないでおく → 行かんとく

その他の変化は、共通語と同じです。

```
V ない でお け
  ↓   ↓
  ん   と  け
```

```
V ない でお いてください
  ↓   ↓
  ん   と   いてください
```

Vとく の使い方

「Vとく」は共通語の「Vておく」と同じ意味（準備や放置）で使うものと、そうでないものがあります。

共通語と同じ使い方

◇ドライブに行く前にガソリン入れとくわ。　　ドライブに行く前にガソリン入れておくわ。
◇A：自転車、どこ　置こ？　　　　　　　　自転車、どこに置こうか？
　B：ここ　置いとこ。　　　　　　　　　　ここに置いておこう。

ちょっと違う使い方

「Vんといて（Vんとって）」は共通語で言うと「Vないでおいて」ですが、大阪弁で言うと「〜ておいて」の意味がなくなり、「〜ないで（ください）」という依頼の意味になる場合があります。

行かんといて！
うちを ひとりに
せんといて！

行かないで！
わたしを一人にしないで！

また、「Ｖとき／Ｖんとき」は共通語でいうと「Ｖておきなさい／Ｖないでおきなさい」ですが、大阪弁では相手に何かを『勧める』表現「〜すれば？／〜しないほうがいいんじゃない？」というニュアンスになります。

もう
たべんときぃ。

ええねん。
ほっといて！

もう、食べないほうがいいんじゃない？
いいのよ。放っておいて！

コラム7

イ形容詞のウ音便

「イ形容詞」の「い」の前の音に注目します。

①	あ	か	さ	た	な	は	ま	や	ら	わ
②	い	き	し	ち	に	ひ	み		り	(い)
③	う	く	す	つ	ぬ	ふ	む	ゆ	る	(う)
④	え	け	せ	て	ね	へ	め		れ	(え)
⑤	お	こ	そ	と	の	ほ	も	よ	ろ	(お)

「い」の前の音が「あ段」(①の列) にあるものは「お段」(⑤の列) にかえて「う」をつけます。

　　あかい　→　あこう（て）　　　うまい　→　うもう（て）

「い」の前の音が「い段」(②の列) にあるもの（〜しい／〜きい）は（〜しゅう／〜きゅう）になります。（最近では「て」がついても、音が変化しない傾向があります。）

　　うれしい　→　うれしゅう（て）　おおきい　→　おおきゅう（て）
　　　　　　　　　うれしい（て）　　　　　　　　おおきい（て）

「い」の前の音が「う段・お段」(③⑤の列) のものは、そのまま「い」を「う」にかえます。

　　あつい　→　あつう（て）　　　おそい　→　おそう（て）

UNIT 18 ええやんか
いいじゃないか　～文末の表現 II～

おかあちゃん その服 ええやんか。ぼうしもそろい？

ええやろ、これ。高かってんけど思いきって買うたんやがな。

おかあさん、その服いいじゃない。帽子もお揃い？

いいでしょ、これ。高かったんだけど、思い切って買ったのよ。

ミニスカートやんか。うちに おくれ！

これだけは あかん。

ミニスカートじゃない。わたしにちょうだい。

これだけは駄目。

ええやんか。帽子だけでも おくれえな。

アカン 言うたら アカン！

いいじゃないの。帽子だけでもちょうだいよ。

駄目っていったら駄目！

ただいま。わっ！何や、その服。けったいやなぁ。

ええやんか。ほっといて。

ただいま。わっ！ 何だ、その服。変だなぁ。

いいじゃないの。放っておいてよ。

18 問題

1 CDを聞いてください。A、Bどちらの答え方が正しいでしょうか。
例を聞いてください。

例	A ・ Ⓑ

①	A ・ B
②	A ・ B
③	A ・ B
④	A ・ B
⑤	A ・ B
⑥	A ・ B
⑦	A ・ B
⑧	A ・ B

2 CDで聞く大阪弁はA、Bどちらの場面で話していますか。

1－① (　　　)
1－② (　　　)

2－① (　　　)
2－② (　　　)

3－① (　　　)
3－② (　　　)

4－① (　　　)
4－② (　　　)

18 文法ノート

文末の表現 II

> **▶ポイント**　やんか（やん）・がな
>
> 共通語で確認するときに使う「〜じゃないか（ではないか）」は大阪弁では「やんか／がな」になります。また、「〜んだよ」のような使い方もあります。

例

① 男：あかんがな。こんなとこに車止めたら。
　　　　　　　だめじゃないか。こんなところに車を止めたら。

　女：ええやんか。だれも見てへんし…。
　　　　　　　いいじゃない（の）。だれも見ていないし…。

② 女：あっ、こんなとこに喫茶店できてるやん。
　　　　　　　あっ、こんなところに喫茶店ができているじゃない。

　男：ほんまや。ぜんぜん気つけへんかったわ。
　　　　　　　ほんとうだ。ぜんぜん気がつかなかったよ。

やんか／がな　の作り方

やんか

V1・V2・V3とも普通体につきます。

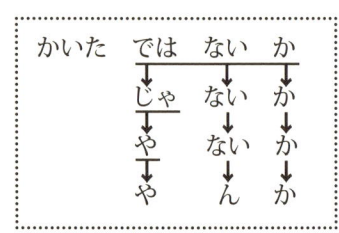

```
かいた　では　ない　か
　　　　 ↓    ↓   ↓
　　　　じゃ　ない　か
　　　　 ↓    ↓   ↓
　　　　や   ない　か
　　　　 ↓    ↓   ↓
　　　　や    ん   か
```

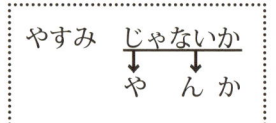

する　じゃないか　→　する　やんか

わかっている　じゃないか　→　わかっとる　やんか

ナ形容詞・イ形容詞・名詞にもつきます。

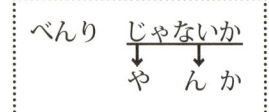

```
べんり　じゃないか
　　　　　↓
　　　　やんか
```
```
あつい　じゃないか
　　　　　↓
　　　　やんか
```
```
やすみ　じゃないか
　　　　　↓
　　　　やんか
```

大阪弁の「たん・てん・ねん・のん・ん」(UNIT 13)につきます。

```
たべた の（だ）よ        あった の（だ）よ
      ↓   ↓                ↓   ↓
      てん やんか           てん やんか
```

```
おもい の（だ）よ      よむ の  よ        べんりな の  よ
      ↓   ↓              ↓  ↓              ↓   ↓
      ねん やんか          のん やんか         ん  やんか
```

◇おなかいっぱいやったけど、食べたんやんか。　　おなかいっぱいだったけど、食べたのよ。
◇あの人、大声で名前呼ぶんやんか。　　あの人、大声で名前呼ぶのよ。
◇彼って、意外とおもろいねんやんか。　　彼って、意外とおもしろいのよ。

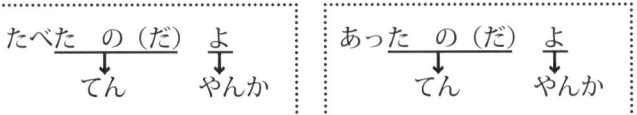

(や) がな

V1・V2・V3とも普通体につきます。

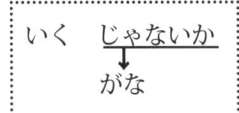

```
いく じゃないか       する じゃないか → する がな
    ↓
    がな              わかっている じゃないか → わかっとる がな
```

ナ形容詞・イ形容詞・名詞にもつきます。

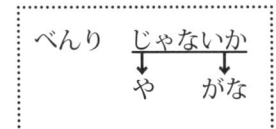

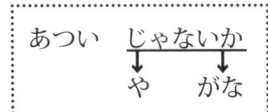

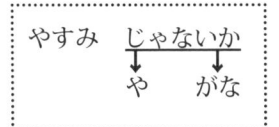

```
べんり じゃないか     あつい じゃないか     やすみ じゃないか
     ↓  ↓               ↓  ↓                ↓  ↓
     や がな              や がな              や がな
```

大阪弁の「たん・てん・ねん・のん・ん」(UNIT 13)につきます。

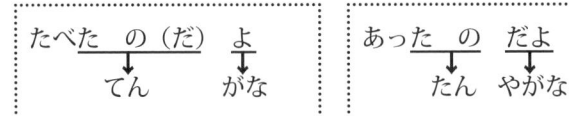

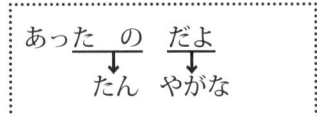

```
たべた の（だ）よ       あった の だよ
      ↓   ↓               ↓  ↓
      てん がな            たん やがな
```

```
おもい の（だ）よ      よむ の だよ        しずかな の だよ
      ↓   ↓              ↓  ↓                ↓   ↓
      ねん がな           のん やがな           ん  やがな
```

◇おなかいっぱいやったけど、食べたんやがな。　　おなかいっぱいだったけど、食べたんだよ。
◇あの人、大声で名前呼ぶんやがな。　　あの人、大声で名前呼ぶんだよ。
◇このかばん、ごっつう重いねんがな。　　このかばん、ものすごく重いんだよ。

> **注意** 「Ｖナイ形」につく時は、「やんか／がな」とも「Ｖん／Ｖへん」
> （UNIT 1・2）につきます。
>
> ◇何もしてへんやんか／何もしてへんがな。　　　何もしていないじゃないか。
> ◇だれもおらんやんか／だれもおらんがな。　　　だれもいないじゃないか。
>
> ◇何も言わへんねんやんか／何も言わへんねんがな。　何も言わないんだよ。
> ◇行かんかってんやんか／行かんかってんがな。　　行かなかったんだよ。

やんか／がな　の使い方

◎「やんか／がな」は共通語の「〜じゃないか」のような使い方をします。場面や言葉の調子によって、色々な機能があります。

◇きのう、教えたやんか。もう、忘れたん？ [確認]
　　　　　　　　　　　　　　　　　　　　きのう、教えたじゃないか。もう、忘れたの？
◇おまえ、約束したがな。　　　　　　　　　　　きみ、約束したじゃないか。

◇Ａ：なんで、きのう、けぇへんかったん？　　　どうして、きのう、来なかったの？
　Ｂ：知らんかったんやんか。 [言い訳]　　　　知らなかったんだもの。
　Ａ：言うたやんか。おれ。 [非難]　　　　　　言ったじゃないか。おれ。

◇あっ、今日、日曜やんか。 [気づき]　　　　　あっ、今日、日曜じゃないか。

◇Ａ：寝坊してもたさかい、今日、休むわ。　　　寝坊しちゃったから、今日、休むよ。
　Ｂ：走って行ったら、まだ、間に合うがな。 [説得]
　　　　　　　　　　　　　　　　　　　　走って行ったら、まだ間に合うじゃないの。

◎また、会話の中で相手が聞いているかどうか確認する軽い気持ちで使ったり、相手が知らないことを伝える（伝達）ときに使う、共通語の「〜んだよ」のような使い方もします。

◇A：きのう、おれ学校へ行ったんやがな。　　きのう、おれ学校へ行ったんだよ。
　　ほんなら、休みやってんやんか。　　　　そうしたら、休みだったんだよ。
　　ほんで、しゃぁないから、帰ってきてんがな。
　　　　　　　　　　　　　　　　　　　　それで、仕方がないから帰ってきたんだよ。
　B：ほんま〜。大変やったねぇ。　　　　　ほんとう。大変だったね。

◎このように「やんか・がな」は「〜じゃないか」や「〜んだよ」のように、相手への働きかけの表現ですが、［気づき］に使う「やんか・がな」は、「〜わ」とほとんど同じような使い方をします。

◇あっ、もう 12時 ｛やがな。／やんか。／やわ。｝ はよ、寝よ。　　あっ、もう12時じゃないか。早く寝よう。

大阪弁の「〜わ」は末尾の音が下がり、男女ともよく使います。
◇あの映画、ごっつうおもろいわ。　　　　あの映画、ものすごくおもしろいわ（ぜ）。
◇おれ、もう仕事やめるわ。　　　　　　　おれ、もう仕事やめるよ。

▶注意　「やん」という言い方もありますが、「やんか」と意味は同じです。しかし、「やんか」の方が相手に対する働きかけの気持ちが少し強くなります。

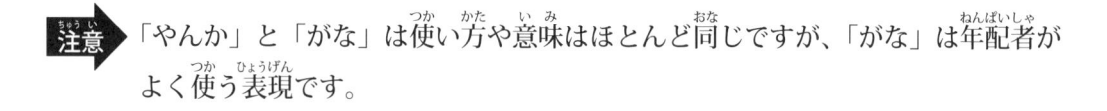

▶注意　「やんか」と「がな」は使い方や意味はほとんど同じですが、「がな」は年配者がよく使う表現です。

◎「Vているの（ん）です」は「Vてんねん」といいますが（**UNIT 13・14**）、これに「やんか・がな」がつくと、「Vているの（だ）よ」という意味になります。
また、「Vていたの（だ）よ」は「Vとったんやんか・がな」になります。

　　◇A：これ、食べへんのん？　片付けんでぇ。　　これ、食べないの？　片付けるよ。
　　　B：いま食べてんねんやんか。待っててぇな。　いま食べているのよ。待っててよ。
　　◇A：なんで帰ってくんのん、こないに遅いのん？
　　　　　　　　　　　　　　　　　　　　　　　　どうして帰ってくるのが、こんなに遅いの？
　　　B：図書館で勉強しとったんやんか。　　　　図書館で勉強していたのよ。

コラム 8

ボケとツッコミ

　大阪人は会話の中でよく「ボケとツッコミ」というやりとりをします。もともとは漫才などのお笑い芸人が人を笑わす技術の1つです。簡単にいうと「ボケ」とは間の抜けた話で「ツッコミ」はそれに対する指摘です。

　大阪人はほかの人が自分の行動を笑ったとき「笑われた」と否定的にとらえず、「笑わせた」と積極的にとらえます。スポーツや勉強ができることより、人を笑わせることができる人間に人気があるのは、子どもから大人まで変わりありません。そのため、自然に会話の中に、「ボケ」と「ツッコミ」が現れ、ほかの人の笑いを誘ったり、お互いの会話を楽しんでいるのです。

A：あんた、おもろい子やな。

B：うん、おなかにいるときからおもろい子やったって、ようおかんに言われんねん。

A：そんなあほな。

A：な、おごったるから、酒飲みに行かへんか。

B：ざんねんやなぁ。うち、酒はあかんねん。チューハイ10杯ぐらいと、ビール1ケースぐらいしか飲まれへんねん。それでも、かまへんか？

A：そら、うわばみやがな。飲みに行く話は忘れてんか。

※うわばみ：大酒飲みのこと

UNIT 19 何でも 買うたった
何でも 買ってやった ～やり・もらいの表現～

[Panel 1]
ほしがるもんは 何でも 買うたった。

ほしがるものは 何でも買ってやった。

[Panel 2]
ビョーキの時は 寝んと看病 したったやんか。 そやのに、そやのに…。

病気の時は、 寝ないで看病してやったじゃないか。 それなのに、それなのに……。

[Panel 3]
みぃちゃ～ん。 早よ、帰って～!!

みぃちゃ～ん！ 早く帰って～!!

[Panel 4]
♡ ♡ ♡ ♡ !!!

19 問題

1
CDの大阪弁は「あげる・やる・もらう」のどれを言っていますか。適当な形に変えて、共通語で書いてください。例を聞いてください。

例：あいつ、バレンタインデーにチョコレート10個も ___もらった___ らしい。

① ぼくが家まで車で送って _____。
② 今、一番流行っている歌 教えて _____。
③ 友達にかさを貸して _____。
④ みんなで掃除を手伝って _____。
⑤ 友達に昼飯代を払って _____。
⑥ 吉田くんの新車に乗せて _____。
⑦ 今日のご飯はわたしが作って _____ か？
⑧ ゆうこちゃん、この子と一緒に遊んで _____。
⑨ いっしょに駅まで行って _____。
⑩ わたしがやって _____、やって _____。まかしておいて。

2
男の人の話を聞いてください。次の動作は男の人がしますか。女の人がしますか。□に書いてください。例を聞いてください。

例	女

①	②	③	④	⑤

⑥	⑦	⑧	⑨	⑩

19 文法ノート

やり・もらいの表現

> ▶ポイント　Ｖてあげる　⇒　Ｖたげる
> 　　　　　　Ｖてやる　　⇒　Ｖたる
> 　　　　　　Ｖてもらった　⇒　Ｖてもろた
>
> 大阪弁では共通語の「Ｖてあげる」は「Ｖたげる」、「Ｖてやる」は「Ｖたる」、そして、「もらう」の過去「もらった」を「もろた」と言います。

例

① この服、お姉ちゃんに貸してもろた。　　　この服、お姉ちゃんに貸してもらった。
② Ａ：宿題、手伝うたげるよ。　　　　　　　宿題、手伝ってあげるよ。
　 Ｂ：おおきに、頼むわ。　　　　　　　　　ありがとう、お願いね。
③ 孫にお雛さん買うたった。　　　　　　　　孫に雛人形を買ってやった。

Ｖたげる／Ｖたる／Ｖてもろた　の作り方

基本形の作り方

Ｖ１・Ｖ２・Ｖ３とも同じです。

Ｖたげる　共通語の「Ｖてあげる」の「てあ」が「た」に変わります。

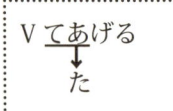

```
Ｖてあげる     教えてあげる → 教えたげる
　↓た         読んであげる → 読んだげる
```

Ｖたる　共通語の「Ｖてやる」の「てや」が「た」に変わります。

```
Ｖてやる      買ってやる → 買うたる
　↓た        遊んでやる → 遊んだる
```

Vてもろた　共通語の「もらう」は大阪弁でも同じですが、「もらった」は大阪弁で「もろた」と言います。(⇒ UNIT 4)

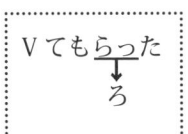

Vてもらった → ろ

見せてもらった → 見せてもろた
飲んでもらった → 飲んでもろた

Vたげる／Vたる の使い方

(表17)

Vてあげる (例：する)		Vてやる (例：来る)	
共通語	大阪弁	共通語	大阪弁
してあげる	したげる	きてやる	きたる
してあげなければ	したげな	きてやらなければ	きたらな
してあげない	したげへん	きてやらない	きたれへん
してあげなさい	したげ	きてやりなさい	きたり
してあげろ	したげろ	きてやれ	きたれ
してあげよう	したげよ	きてやろう	きたろ
してあげた	したげた	きてやった	きたった
してあげて（ください）	したげて	きてやって（ください）	きたって

共通語では「Vてやる」という言葉をあまり使わなくなりましたが、大阪弁では、「Vたげる」と同じように「Vたる」も、親しい関係の人にはよく使う表現です。

注意　「Vたって」は大阪弁では「Vてやって（ください）」の意味で、共通語では「Vだそうだ」という「伝聞」の意味です。この2つは音が違います。

よっしゃ。
田中さんにでんわしたって。

田中さんに電話してやって。
いいよ。

あっそう　田中さんにでんわしたって。

田中さんに電話したそうよ。
あっ、そう。

UNIT 20 なんも みみっちない
ちっとも けちじゃない 〜全否定の表現〜

ふ〜。もうおなかいっぱいで食べられへん。

ふ〜。
　もうおなかいっぱいで食べられない。

ちょっと、これ、持って帰るさかい包んでぇな。

そんなみみっちいことすんなよ。

ちょっと、これ、持って帰るから
　　包んでちょうだい。

そんな けちなことするなよ。

なんもみみっちないで。

ちっともけちじゃないわよ。

ついでに、あれも……。

ついでに、あれも……。

20 問　題

1 大阪弁の短い会話を聞いてください。会話の中で話している形容詞の否定形を書いてください。例を聞いてください。

例：　| あま |　くない

① | 　　　　 | くない

② | 　　　　 | くない

③ | 　　　　 | くない

④ | 　　　　 | くない

⑤ | 　　　　 | くない

⑥ | 　　　　 | くない

⑦ | 　　　　 | くない

⑧ | 　　　　 | くない

2 CDを聞いてください。石川さんと山田さんの性格について、話しています。石川さんと山田さんはどんな人でしょうか。下のA〜Nの中から選んで、記号を書いてください。

🎧 92

- よくばり A
- けち B
- いじわる C
- おもしろい D
- ずるい E
- おおげさ G
- おちつきがない H
- つめたい F
- かわいらしい J
- とろい K
- ひどい I
- しつこい L
- いらいらする M
- へん N

石川さんの性格

山田さんの性格

20 文法ノート

全否定の表現

> ▶ポイント　全然Vない　⇒　いっこもVへん
> 　　　　　　全然〜ない　⇒　なんも〜ない
>
> 共通語で「全然／何も（〜ない）」というとき、大阪弁では「いっこも／なんも」という表現を使います。また、形容詞の否定の形もこの課で勉強しましょう。

例　　　　　　　　　　　　　　　　　　　　　　　　　　93

① 来る言うてたのに、いっこもけぇへん。　　来ると言っていたのに、全然来ない。

② もう、なんも怒ってへんさかい、安心しぃ。　もう、何も怒っていないから、安心して。

③ あの映画、いっこもおもんないなぁ。　　　あの映画、全然おもしろくないなぁ。

形容詞の否定の形　の作り方

基本形の作り方

形容詞の否定の形は基本的に3つありますが、意味は同じです。
◎イ形容詞の否定の形の「く」を取ったものです。

```
おもくない
　↓
おも＿ない
```
おそくない　　→　おそない

あたらしくない　→　あたらしない

◎共通語には［イ形容詞・ナ形容詞＋ことはない］という表現がありますが、これの「は」を取った形に「あれへん」をつけます。

```
ふるいことはない
　↓
ふるいこと＿あれへん
```
うまいことはない　→　うまいことあれへん

ふといことはない　→　ふといことあれへん

```
べんりなことはない
　↓
べんりなこと＿あれへん
```
有名なことはない　→　有名なことあれへん

上手なことはない　→　上手なことあれへん

◎共通語には〔イ形容詞・ナ形容詞＋（な）のとちがう〕という表現がありますが、大阪弁では「ちがう」が「ちゃう」になります。

```
おおきいのとちがう        きれいなのとちがう
      ↓  ↓              ↓  ↓
      ん ちゃう           ん ちゃう
```

基本形からの音の変化

イ形容詞の「い」の前の音に注目します。次のような音の変化もあります。

(1) あ か さ た な は ま や ら わ
(2) い き し ち に ひ み　　り （い）
(3) う く す つ ぬ ふ む ゆ る （う）
(4) え け せ て ね へ め　　れ （え）
(5) お こ そ と の ほ も よ ろ （お）

「い」の前の音があ段〔(1)の列〕にあるものは、お段〔(5)の列〕にかえて「ない」をつけます。

　　あかい　→　あこない　　　　きたない　→　きたのない
　　はやい　→　はよない　　　　あいたい　→　あいとない

「い」の前の音がい・う・お段〔(2)(3)(5)の列〕のものは、基本形しかありません。

　　おいしくない　→　おいし＿ない　　うすくない　→　うす＿ない
　　おそくない　　→　おそ＿ない

> **注意**　「おもしろくない」は「おもしろない」ですが、特別に「おもろない／おもんない」とも言います。

大阪弁特有の形容詞 (表18)

大阪弁	共通語	大阪弁	共通語
あほくさい	ばからしい	しょうもない	つまらない
えぐい	ひどい	ずっこい	ずるい
ええ	いい	せわしない	おちつかない
おもろい	おもしろい／へんな	ちめたい	つめたい
かえらしい／かいらしい	かわいらしい	どんくさい	とろい
がめつい	よくばり（な）	ぬくい	あたたかい
ぎょうたましい	おおげさ（な）	ねちこい	しつこい／ねばっている
けったい（な）	へん（な）	ばばっちい	きたない
ごっつい	すごい	みみっちい	けち（な）
さぶい	さむい	ややこ（し）い	めんどう（な）／ふくざつ（な）
しんどい	つかれた	よくどしい	よくばり（な）
しんきくさい	いらいらする	いけず（な）	いじわる（な）

いっこも／なんも の使い方

同じ意味で使う場合

◇あの先生の説明、{いっこも／なんも}わかれへん。
　　あの先生の説明、全然わからない。

◇この映画、{いっこも／なんも}おもんない。
　　この映画、ちっともおもしろくない。

意味が違う場合

◎「いっこも〜ない」が共通語の「一向に〜ない」という意味を持つときは、後ろにくる動詞や形容詞を否定します。

◇天気予報は晴れや言うとったのに、今日はいっこも晴れへん。
　　天気予報は晴れだと言っていたのに、今日は一向に晴れない。

◇あいつ、電話かける言うとったのに、いっこもかかってけぇへんなぁ。
　　あいつ、電話かけるって言っていたのに、一向にかかってこないなぁ。

◎「なんも〜ない」は「何も／ひとつも〜ない」と、個々の「もの」を否定します。

 ◇A：誕生日に何ほしい？   誕生日に何ほしい？
  B：なんもほしないわ。   何もほしくないよ。

 ◇A：これ、ええやろ？   これ、いいだろう？
   おまえもほしいやろ？   君もほしいだろう？
  B：そんなもん、いっこもほしないわ。 そんなもの、ひとつもほしくないよ。

 ◇A：今朝、何、食うたん？   今朝、何、食べたの？
  B：なんも食うてへん。   何も食べてない。

 ◇A：うちの成績表、見たやろ？ わたしの成績表、見たでしょ？
  B：そんなもん、なんも見てへんでぇ。 そんなもの、何も見てないよ。

その他の疑問詞を使った言い方

「どこ（へ）も」「いつも」「だれも」などは、共通語と同じ使い方ですが、発音するとき、「どっこも」「いっつも」「だぁれも」となる場合が多いです。

 ◇A：あした、どっか行く？   あした、どこか行く？
  B：いいや、どっこも行かへんで。 いや、どこも行かないよ。

 ◇あの二人、いっつもいっしょにおんなぁ。 あの二人、いつもいっしょにいるなぁ。

 ◇この店、サービス悪いなぁ。   この店、サービス悪いなぁ。
  呼んでもだぁれも来よらん。   呼んでもだれも来ない。

コラム 9

ネオ方言

真田 信治

　それは 1987 年の初夏のある日のことでした。自宅のベランダで、ぼうっと空を眺めていて突然 neo-dialect ということばが浮かんだのです。当時の私は、関西方言の動態の追究に没頭していました。共通語と方言との接触、そして、その相互干渉の過程で従来にはなかった新しい混交形式ができつつある状況、つまり地域の人々が、伝統方言スタイルから、また標準的なスタイルからも逸脱しようとする結果として、そこに中間的な発話スタイルが生まれつつある様相をどう捉えるかに悩んでいた頃でした。この neo-dialect は、後に「ネオ方言」と言い換えました。

　井上史雄さんの提唱になる「新方言」の名は、当時すでに人口に膾炙していました。新方言とは、「若い人が」「標準語にない言い方を」「くだけた方言的場面で」使用する、そのことばを指すものです。したがって、すでにあるこの術語を上の概念に対して用いることには抵抗があったのです。

　私のネオ方言は、あくまで発話のスタイルを指す用語です。ですから、実際の使用の場面・文脈を無視して、個々の要素を独立に取り上げることはできません。たとえば、往々にして、方言形「けえへん」と共通語形「来ない」との混交形「こおへん」、方言形「行かんで」と共通語形「行かなくて」との混交形「行かんくて」などを例として挙げるのですが、それは、これらの形式をそのスタイルにおける指標の一つとして、観察者の立場から例示しているだけなのです。ちなみに、現在の若い人たちにとっては、この「こおへん」や「行かんくて」は自分たちの方言そのものと意識されているものでしょう。

　なお、新方言は具体的な要素を指すものなので、その要素の数を数えることができます。たとえば、井上史雄・鑓水兼貴編著『辞典＜新しい日本語＞』（東洋書林 2002）は、新方言を集成したものですが、そこには、「どの地域でも（東京も含め）少なくとも二桁の新方言事象が見つかると考えられる」などといった解説があります。一方、ネオ方言コードの記述は、実際の運用場面、発話の文脈から帰納的に行わなくてはなりません。それは具体的には談話テクスト集と索引のような形態のものになるかと思います。ですから、個々の形式だけを文脈から切り離して取り上げ、それを「新方言」か、それとも「ネオ方言」か、などと問うことはナンセンスなわけです。

問題のスクリプト

CD 収録内容についてのおことわり

旧版の音声テープをそのままCDに収録しました。そのため問題文で「CD」と表記されている箇所を、音声では「テープ」と言っています。ご了承下さい。なお、「問題のスクリプト」では、「テープ」と表記しています。

UNIT 1　もう　がまんでけへん

1 絵を見ながらテープを聞いて、［例］のように（　）に番号を書いてください。

［例］　およげへん

① ここ、はいれへん？
② ぼく、かけへん、かけへん。
③ そんなん、たべへんわ。
④ まだ、ねぇへん。
⑤ これ、めぇへん？
⑥ けぇへんなぁ。
⑦ うち、結婚なんかせぇへん。

2 次のテープを聞いて、「否定」はA、「誘い」はBに○をつけてください。例を聞いてください。

［例］　酒はまったく飲めへん。

① もう二度と会えへん。
② ここに座れへん？
③ 最近、山本くん、ぜんぜんめぇへん。
④ そんなん食べたぐらいで、死ねへん、死ねへん。
⑤ 今度、映画に行けへん？
⑥ このテープ、聞けへん？
⑦ だれにも見せへん。
⑧ 夏休みに旅行せぇへん？

3 テープの質問を聞いて、正しい答え方をA～Iの中から選んでください。例を聞いてください。

［例］　あした、けぇへんの？

① あの人の話、聞けへん？
② いっしょに、買物行けへん？
③ ちょっと、休めへん？
④ 机の上にあれへんかった？
⑤ この荷物、持たれへん？
⑥ きのう、家にいてへんかった？
⑦ いまから予約でけへん？
⑧ あした、せぇへん？

4 次の短い会話を聞いて、会話の内容と合っているものに○、違っているものに×を書いてください。

① 女：きのう、雨降ってへんかったのに、行けへんかったん？
　　男：うん、金、あれへんかってん。
② 女：このお酒、わたし飲めへんから、飲めへん？
　　男：ぼく、酒、飲まれへんねん。
③ 女：9時になっても、帰ってけぇへんから、ご飯いれへん思て、用意せぇへんかったわ。
　　男：仕事で食べてへんねん。いまから作ってくれへんか。
④ 男：今日、おれんとこでビデオめぇへんか？
　　女：お母ちゃんいてへんから、今日は出られへんわ。うっとこ、けぇへん？
　　男：ほな、そうするわ。

【共通語バージョン】
① 女：きのう、雨降っていなかったのに、行かなかったの？
　　男：うん、金（が）なかったんだ。
② 女：このお酒、わたし飲まないけれど、（あなた）

飲まない？

男：ぼく、酒（は）飲めないんだ。

③ 女：9時になっても、帰ってこないから、ご飯いらないと思って用意しなかったわ。

男：仕事で（仕事をしていて）食べていないんだ。いまから作ってくれないか。

④ 男：今日、おれの家でビデオ見ないか？

女：お母さん（が）いないから、今日は出られないわ。わたしの家へ来ない？

男：じゃあ、そうするよ。

UNIT 2 勉強せな あかん

1 テープを聞いて、「しなければならない」ことを下の絵から選んでください。例を聞いてください。

［例］ わぁ、遅刻や。走らなあかんがな。
　　　……………走らなあかん

① ここに書かんとあかんのん？
　　………書かんとあかん

② 船、沈んだら、岸まで泳がなあかんで。
　　…………………泳がなあかん

③ あしたまでに、この本、読まんとあかんねん。
　　………………………読まんとあかん

④ 先生の話、ちゃんと聞かなあかんよ。
　　…………………聞かなあかん

⑤ 熱あるわ。寝んとあかんやん。
　　…………寝んとあかん

2 テープを聞いて、下から動詞を選び、（　）に番号を書いてください。また、「しなければならない」ことはA、「しなくてもいい」ことはBに○を書いてください。例を聞いてください。

［例］ 遅れるでぇ。はよ、食べんと…。

① 12時やで。もう起きな…。

② そんなん、着んでもええ。

③ あっ、約束の時間や。電話せな。

④ 5時までに、来んと…。

⑤ 走らんと間に合わんでぇ。

⑥ バスに乗らな、行かれへん。

⑦ そんなに、怒らんでも…。

⑧ もっと頭、使わんと…。

3 テープを聞いて、「しなければならない」ことには○、「しなくてもいい」ことには×を書いてください。例を聞いてください。

［例］ おっ！今日、特売で牛乳、めっちゃ安いわ。こら、買わなあかんなぁ。

① あっ、おさむ…。遅かったなぁ。田中くんから電話あったでぇ。今日はもう寝はるらしいから、こっちから電話せんでもええて。

② あっ、ちょっと、ちょっと。ここはゴミ、分けて出さなあかんねんよ。困るなぁ。なんもかも、いっしょくたにされたら…。

③ おっそいなぁ…山本。もう30分たつでぇ。ほんまに来んのんかぁ？　もう、待たんでええやん。行こ行こ。

④ あっ、停電や。台風で、風、強なってきたからなぁ…。テレビつけへんし、こら、ラジオ聞かなあかんがな。

⑤ 男：どないしたん？
　女：歯、痛いねん。
　男：そら、歯医者、行かんといかんで。
　女：行かんといかんかなぁ。
　男：うん、早いほうがええでぇ。

⑥ 女：あんた、今、何時や思てんのん。朝からゴロゴロするばっかりで…。
　男：ええやんか。今日は日曜や。
　女：あかん、あかん。もうすぐお客さん、来はんねんよ。はよ、部屋、掃除せんとあかんねんから。

⑦ 女：最近、勉強してる？
　男：ううん、ここんとこ、バイト忙しいから。
　女：そら、せなあかんわぁ。成績下がってんねんよ。
　男：う～ん。

【共通語バージョン】
[例]　あっ、今日、特売で牛乳（が）すごく安い。
　　　これは、買わなきゃ。

① あっ、おさむ。遅かったねー。田中くんから電話があったわよ。今日はもう寝るらしいから、こっちから電話しなくてもいいって。

② あっ、ちょっと、ちょっと。ここはゴミを分けて出さなければだめですよ。困るなぁ。何もかも一緒にされたら…。

③ おっそいなぁ…山本、もう30分たつよ。本当に来るのかなぁ。もう、待たなくていいじゃないか。行こう行こう。

④ あっ、停電だ。台風で、風が強くなってきたからなぁ。テレビつかないし、これは、ラジオを聞かなきゃいけないね。

⑤ 男：どうしたの？
　　女：歯が痛いの。
　　男：そりゃ、歯医者に行かないとだめだよ。
　　女：行かないとだめかなぁ。
　　男：うん、早いほうがいいよ。

⑥ 女：あなた今、何時だと思っているの？朝からゴロゴロするばっかりで。
　　男：いいじゃないか。今日は日曜だ。
　　女：だめ、だめ。もうすぐお客さんがいらっしゃるのよ。早く部屋を掃除しなくちゃならないんだから…

⑦ 女：最近、勉強してる？
　　男：ううん、このところ、バイト忙しいから。
　　女：そりゃ、しなくちゃだめだよ。成績下がってるのよ。
　　男：うーん。

UNIT 3　借りても　ええか？

1 テープを聞いてください。話している人は何がしたいのですか。下の絵から選んで番号を（　）に書いてください。例を聞いてください。

[例]　ここに座ってもええ？

① 先に食べてもかめへん？

② 先生、辞書見てもかまいません？

③ ここで泳いでもかめへんの？

④ あした、持ってきてもええか？

⑤ あんたの部屋、掃除してもええな？

⑥ 鉛筆で書いてもかめへんやろ？

2 テープを聞いてください。質問した人は、この後どうしますか。例を聞いてください。

[例]　男：ここに車止めてもええかな？
　　　女：かめへん、かめへん。みんな止めてる。
　　　男：そやな。

① 息子：父ちゃん、この酒、飲んでもかめへんか？
　　父親：飲んだらあかん。それは高い酒や。

② 男1：あした、おまえの家に行ってもかめへん？
　　男2：ええよ。来いや。

③ 女：このCD、聞いてもええ？
　　男：あっ、ええよ。ええでぇ、それ。

④ 女1：おばちゃん、このイヌにエサやってもええん？
　　女2：あ、やらんといて。

⑤ 女：ここ、座ってもよろし？
　　男：あ、すんません。ちょっと友達が…。

⑥ 女：お風呂入ってもかめへんの？
　　男：医者はええ言うとったけどな。

⑦ 女：この荷物、開けてもええの？
　　男：あかん、あかん。隣のん、預かってんねん。

【共通語バージョン】
[例]　男：ここに車止めてもいいかな？
　　　女：かまわない、かまわない。みんな止めてる。
　　　男：そうだな。

① 息子：お父ちゃん、この酒飲んでもいいか？
　　父親：飲んじゃだめだ。それは高い酒だ。

② 男1：あした、君の家に行ってもいい？
　　男2：いいよ。来いよ。

③ 女：このCD、聞いてもいい？
　　男：あっ、いいよ。いいぞ、それ。

④ 女1：おばちゃん、このイヌにエサやってもいいの？
　　女2：あ、やらないで。

⑤ 女：ここ、座ってもいいかしら？
   男：あ、すみません。ちょっと友達が…。
⑥ 女：お風呂入ってもかまわないの？
   男：医者はいいって言ってたけどな。
⑦ 女：この荷物、開けてもいいの？
   男：だめだめ。隣のを預かってるんだ。

3 山本さんがアパートを探しています。山本さんと大家さんの会話を聞いてください。アパートで「してもいいこと」に○、「してはいけないこと」に×を書いてください。

① 山本：猫、飼うてもええんですか。
   大家：動物は飼うたらあかんわ。
② 山本：石油ストーブ、使うてもええんでしょうか。
   大家：電気はかめへんけど、石油は使うたらあかん。
③ 山本：部屋で料理してもよろしいか。
   大家：部屋でしたらあかん。台所でせんと。
④ 山本：たばこは吸うてもかまいません？
   大家：それは、ええで。
⑤ 山本：自転車とめるとこありますか。
   大家：ええけど、階段の下に置かなあかんで。
⑥ 山本：洗濯はするとこありますか。
   大家：それは、コインランドリー行かなあかんわ。
⑦ 山本：友達、泊めてもよろし？
   大家：友達は泊めんといて。
⑧ 山本：クーラーつけてもかまいませんか。
   大家：ええけど、電気代高いでぇ。

【共通語バージョン】
① 山本：猫、飼ってもいいんですか。
   大家：動物は飼っちゃだめだよ。
② 山本：石油ストーブ、使ってもいいんでしょうか。
   大家：電気はかまわないけど、石油は使っちゃだめだ。
③ 山本：部屋で料理してもいいでしょうか。
   大家：部屋でしちゃだめだよ。台所でしなきゃ。
④ 山本：たばこは吸ってもかまいませんか。
   大家：それは、いいよ。

⑤ 山本：自転車とめるところありますか。
   大家：いいけど、階段の下に置かなきゃだめだよ。
⑥ 山本：洗濯はするところありますか。
   大家：それは、コインランドリーに行かないとだめだな。
⑦ 山本：友達、泊めてもいいでしょうか？
   大家：友達は泊めないで。
⑧ 山本：クーラーつけてもかまいませんか。
   大家：いいけど、電気代高いよ。

UNIT 4　見ててや

1 絵を見ながらテープを聞いてください。この人は何を頼んでいますか。[例]のように（　）に番号を書いてください。例を聞いてください。

［例］　ちょっと、待ってぇな。
① あの靴、買うて。
② 外で、吸うて。
③ これ、洗とって。
④ ちょっと、持っとって。
⑤ 今晩、会うて。
⑥ ちょっと手伝うて。
⑦ わたしにも見せてぇな。
⑧ 一曲、歌うてぇなぁ。
⑨ こっち、来てんか。

2 何を頼んでいますか。動詞を下から選んで、正しい形に変えてください。例を聞いてください。

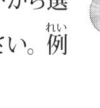

［例］　弁当、作ってぇなぁ。あした、いんねん。
① おれ、あとから行くから、先に行っとってくれや。
② あいつも、誘たれや。淋しがっとったぞ。
③ この席、とっとって。コーヒー、買うてくるわ。
④ 買うたって。買うたって。ええもんあるでぇ。
⑤ ちょっと笑たって。こいつ、また、彼女にふられよってん。
⑥ 遅れていくから、パーティー、始めとって。
⑦ せっかく作ったんや。食べたってぇなぁ。
⑧ もっぺん言うて。わからへん。

⑨ おとうさん、こどもにテレビ見せたってよ。

3 男の人は大阪弁で何かを言っています。次の中から共通語の答えを選んでください。 🎧20

① あした会うてくれへんか。
② これ、いっぺん食うてみぃ。
③ 火事のときは這うて逃げなあかんで。
④ 犬がこども産んでん。一匹もろてんか。
⑤ あいつ、おれのこと嫌うてるみたいや。

UNIT 5 テレビ見てんと 寝え

1 テープで命令していることを、下の絵の中から選んでください。例を聞いてください。 🎧23

[例] 黒板、見いや。

① ちゃんとコート、着い。
② 大きい声で読み。
③ ゆっくり運び。
④ よぉ、聞き。
⑤ はよ、しい。
⑥ また、来いな。

2 テープで「するな」と禁止していることを、下から選んでください。 🎧24

① 一人で持ちな。
② ここでたばこ、吸いなな。
③ 花を踏みな。
④ そんなこと、しいな。
⑤ 机のうえに乗んな。
⑥ しんどうても死になや。
⑦ 泣きなな。
⑧ 金なんか貸しな。

3 テープを聞いて、「命令」にはA、「勧め」にはBを（ ）に書いてください。 🎧25

① 風邪ひいてのん？　はよ、帰って寝ぇや。
② わたしの鉛筆、勝手に使いなや。
③ 夜一人で歩きなや。危ないで。
④ あの歌手、今晩テレビに出んねんて。ぜったい見な。
⑤ ちょっと、あんた。ぶつかったんやったら、謝り。
⑥ また、この子は、遅うまで起きて。はよ、寝ぇ。
⑦ ぼやぼやしてんと、さっさと追い掛け。
⑧ 男1：おい、ここの答え、教えてぇな。
　　男2：おれもわからんわ。先生に聞き。
⑨ 人のうちの前に、車、止めんなよな。
⑩ 遅刻ばっかりしいな。先生に悪いやんか。

UNIT 6 よう わからん

1 テープを聞いて、例のように書いてください。 🎧28

[例] よう食べん

① よう聞かん　　② よう書かん
③ よう乗らん　　④ よう歌わん
⑤ よう飲まん　　⑥ よう言わん
⑦ よう見ん　　　⑧ よう来ん
⑨ よう寝ん　　　⑩ ようせん

2 ようこさんの恋人について、友達のあきこさんが聞いています。テープを聞いて、ようこさんの恋人ができるものに○、できないものに×を書いてください。 🎧29

ようこ：ねぇ、あきこ…。わたし、彼氏でけてん。
あきこ：ほんまぁ！どんな人？車、運転しはる？
ようこ：ううん、ようせぇへん。
あきこ：ほな、バイクは？
ようこ：よう乗らへん。
あきこ：それって、ちょっとドンクサイとちゃう？
ようこ：そんなことないって。テニスはめっちゃ、うまいねんから。
あきこ：へぇ～、ほな、ゴルフは？
ようこ：ようせぇへん。

あきこ：まさか、泳がれへんのとちゃうやろねぇ。
ようこ：よう泳がへん…。
あきこ：やっぱりドンクサイやんか。
ようこ：そやけど料理はわたしよりうまいねんでぇ。
あきこ：へぇ～、一回ご馳走してほしいわぁ。今度の日曜、ホームパーティーでもせぇへん？ わたし、ワイン持って行くわ。
ようこ：ええけど、ワインはよう飲まへんわ。いっつもビールばっかりやぁ。
あきこ：ほな、ビール持って行くわ。で、どんな料理作りはんのん？
ようこ：目玉焼きとか、野菜いためとか…。
あきこ：それ…料理か…？

【共通語バージョン】
ようこ：ねぇ、あきこ…。わたし、彼氏できたのよ。
あきこ：本当！ どんな人？ 車、運転するの？
ようこ：ううん、できない。
あきこ：じゃ、バイクは？
ようこ：乗れない。
あきこ：それって、ちょっと運動神経が鈍いんじゃない？
ようこ：そんなことないわよ。テニスはすごくうまいんだから。
あきこ：へぇ、じゃ、ゴルフは？
ようこ：できない。
あきこ：まさか、泳げないって言うんじゃないでしょうね。
ようこ：泳げない。
あきこ：やっぱり、運動神経、鈍いじゃない。
ようこ：だけど、料理はわたしよりうまいのよ。
あきこ：へぇ、一回ご馳走してほしいわー。今度の日曜、ホームパーティーでもしない？ わたし、ワイン持って行くわ。
ようこ：いいけど、ワインは飲めないのよ。いつもビールばっかりよ。
あきこ：じゃ、ビール持って行くわ。で、（彼は）どんな料理作るの？
ようこ：目玉焼きとか、野菜いためとか…。
あきこ：それ…料理なの…？

3 テープを聞いて、「することができない」という意味のものにはA、「はっきりわからない」という意味のものにはBを書いてください。例を聞いてください。

［例］ 高いなぁ。よう買わんわ。
（高いな―。買えないよ。）

① ようわからんけど、あの人、男ちゃう？
（よくわからないけど、あの人、男じゃない？）

② 3キロも、よう走らんわ。
（3キロも、走れないよ。）

③ こんなむつかしい機械、よう使わんでぇ。
（こんなに難しい機械、使えないよ。）

④ 朝の6時なんて、よう起きんわ。
（朝の6時なんて、起きられないよ。）

⑤ あのことだけは、よう忘れんなぁ。
（あのことだけは、忘れられないなー。）

⑥ よう聞こえんわ。もっと大きい声で言うて。
（よく聞こえないよ。もっと大きい声で言って。）

⑦ この写真だけは、よう見せんで。
（この写真だけは、見せられないよ。）

⑧ よう見えんから、もっと前の方行こか。
（よく見えないから、もっと前の方へ行こうか。）

⑨ お酒は飲むけど、たばこはよう吸わんねん。
（お酒は飲むけど、たばこは吸えないんだ。）

UNIT 7 何してはるの？

1 テープを聞いて、番号を（ ）に書いてください。例を聞いてください。

［例］ 会社、行きはる ―― 行きはる

① ごはん、食べはる ―― 食べはる
② 映画、見はる ―― 見はる
③ ここへ来はる ―― 来はる
④ きもの、着はる ―― 着はる
⑤ いつも言いはる ―― 言いはる
⑥ 何でも知ってはる ―― 知ってはる
⑦ たくさん、持ってはる ―― 持ってはる
⑧ かばん、持って行きはる ―― 持って行きはる

2 テープの質問を聞いて、共通語の答えをA〜Hの中から選んでください。例を聞いてください。

[例] これ、もう読みはった？

① どこで買いはったん？
② ねぇ、ねぇ、奥さん聞きはった？
③ あした、行きはるの？
④ この手紙、ポストに入れてきてくれはらへん？
⑤ 何着はっても、よう似合うてはるわ。
⑥ あら、出かけはるの？
⑦ もういっぱい飲みはる？

3 次の会話を聞いてください。二人（AさんとBさん）の関係は次のどれでしょうか。例を聞いてください。

[例] 女1：夏休み、どこ行きはるの？
女2：まだ、決めてませんねん。お宅は？
女1：うちはお盆に田舎へ帰るだけ。
女2：いやぁ、そうですか。きっとおばあちゃん待ってはりますよ。子どもさんも喜んではるでしょ。

① 女1：すんません。ここ、どなたか座りはりますか。
女2：あっ、いいえ、どうぞ。
女1：ありがとう。あぁ、よっこらしょっと…。
女2：暑いですねぇ。どこまで行きはりますの？
女1：梅田まで行きますねんけど、暑いのはかないませんなぁ。

② 女1：ねぇ、ねぇ、レポート書いた？
女2：いや、まだ書いてへんねん。
女1：どうするん？ 先生、今日までや、言うてはったよ。
女2：どないしょ？ 怒りはるかなぁ。
女1：そら、もう大変やで。

③ 男：岡本さん、コーヒー飲みはりますか。
女：いただこかな。
男：お砂糖とミルクはどうしはりますか？
女：お砂糖なしで、ミルクだけお願い。

④ 女：あっ、山本さん、こんにちは。
男：こんにちは。
女：毎日暑いねぇ。お子さんたち、プール行ってはんの？
男：はあ、もう、真っ黒けですわ。

【共通語バージョン】

[例] 女1：夏休み、どこへ行かれるんですか？
女2：まだ、決めていませんのよ。お宅は？
女1：うちは、お盆に田舎へ帰るだけ。
女2：あら、そうですか。きっとおばあちゃん、待っていらっしゃるわ。子どもさんも、喜んでるでしょ？

① 女1：すみません。ここ、どなたか座られますか。
女2：あっ、いいえ、どうぞ。
女1：ありがとう。あー、よいしょ。
女2：暑いですね。どちらまでいらっしゃるんですか。
女1：梅田まで行くんですけど、暑いのはいやですねー。

② 女1：ねぇ、ねぇ、レポート書いた？
女2：うううん、まだ、書いてないのよ。
女1：どうするの？ 先生、今日までだっておっしゃったわよ。
女2：どうしよう。お怒りになるかしら？
女1：そりゃ、もう大変よ。

③ 男：岡本さん、コーヒーお飲みになりますか。
女：いただこうかしら。
男：お砂糖とミルクはどうなさいます？
女：お砂糖なしで、ミルクだけお願い。

④ 女：あっ、山本さん、こんにちは。
男：こんにちは。
女：毎日、暑いわねー。お子さんたち、プール行かれてるの？
男：はあ、もう、真っ黒ですよ。

UNIT 8　行くんやったら　買うてきて

1 男の人の話を聞いて、女の人が答えています。女の人の答えはどれが正しいですか。A・B・Cの中から正しい答えを選んでください。例を聞いてください。

[例] 男：今日、ゴミ出す日やろ？
　　　女：A　あっ、わすれてた。
　　　　　B　あっ、だした。
　　　　　C　あっ、はやい。

① 男：京都の夏は暑いやろなぁ。
　　女：A　うん、あぁやろなぁ。
　　　　　B　うん、そうやろなぁ。
　　　　　C　うん、こうやろなぁ。

② 男：試験、思ったよりずっと簡単やったわ。
　　女：A　ほんま？　かんたんやったわ。
　　　　　B　ほんま？　むずかしかったわ。
　　　　　C　ほんま？　すぐできたわ。

③ 男：今日、おれの誕生日やねん。
　　女：A　へぇ～、いつ？
　　　　　B　へぇ～、よかったね。
　　　　　C　へぇ～、おめでとう。

④ 男：デパートやったら、売ってるでぇ。
　　女：A　そう、おおきに。
　　　　　B　そう、かえるわ。
　　　　　C　そう、うるわ。

⑤ 男：あした、ゴルフ行こ思とったのに、雨やん。
　　女：A　いゃ～、行こか。
　　　　　B　いゃ～、たのしいわ。
　　　　　C　いゃ～、ざんねんやなぁ。

⑥ 男：ええやろ。これ、高かったんや。
　　女：A　ふ～ん、いくら？
　　　　　B　ふ～ん、たかいね。
　　　　　C　ふ～ん、うれしいわ。

2 次の「～や」はAの意味ですか。Bの意味ですか。テープを聞いて、□にA、Bの記号を書いてください。

A：そこに、座れや。　　B：これ、重かったんや。
　　　↓　　　　　　　　　↓
　そこに、座れよ。　　これ、重かったんだ。

① この本、おもしろいんやて。
② 手、離しなや。
③ 勉強しぃや。
④ あの人、日本人や。

⑤ ほんまに、不便やなぁ。
⑥ 買うんやったら、日本橋やで。
⑦ ぜったい、買うてや。
⑧ いたんか。返事してぇや。
⑨ あいつが言うたんやろ。
⑩ はよ、書きぃや。

UNIT 9　結婚しよってん

1 テープの大阪弁を例のように書き換えてください。

[例]：リーくん、来月、国に帰りやんねん。

① この子、よぅ食べやるわぁ。
② ともだち、家に来よんねん。
③ 太郎くん、先月、3歳になりやってんて。
④ 妹なぁ、去年、会社やめよってん。
⑤ 山田くん、また教室で寝てやったでぇ。
⑥ あの子、テレビゲームばっかりしてやるなぁ。
⑦ あの子、ずーっと待ってやったでぇ。
⑧ やまちゃん、えらい酔うてやるわ。

2 テープの会話を聞いてください。どの絵の会話か、番号を書いてください。例を聞いてください。

[例] 男：太田、また彼女にふられよってんてぇ。
　　　女：うん。あの人、ほんまに泣いてやったわ。

① 男1：こんなとこに車とめて、何考えてんねやろ。
　　男2：何も考えてへんから、こんなとこにとめよんねんでぇ。

② 男1：よう、こんな汚い字、書きよったなぁ。
　　男2：これでも前より上手になりよってんでぇ。

③ 子：エーン。お母ちゃん、ねえちゃんが、またたたきやったぁ。
　　母：もう、ほんまに、毎日、毎日、ようけんかばっかりすんなぁ。

④ 女1：とうとう吉田さんも結婚しやんねんてぇ。
　　女2：へぇ、ぎょうさん、お見合いしてやったからなぁ。

【共通語バージョン】

[例] 男：太田、また彼女にふられたんだって。
　　 女：うん。あの人、ほんとに泣いていたわ。

① 男1：こんなところに車とめて、何考えてるんだろう。
　 男2：何も考えてないから、こんなところにとめるんだよ。
② 男1：よく、こんな汚い字書いたなぁ。
　 男2：これでも、前より上手になったんだよ。
③ 子：エーン。お母ちゃん、お姉ちゃんがまたたたいた。
　 母：もう、ほんとうに、毎日、毎日、よくけんかばかりするわねえ。
④ 女1：とうとう、吉田さんも結婚するんだって。
　 女2：へえ、たくさんお見合いしていたからなぁ。

UNIT 10 ついに0点 とってしもた

1 テープの大阪弁は下の□の中のどの言葉と同じですか。探してみましょう。
　　　例を聞いてください。

[例] 飲んでもうた

① 買うてまう　　② 来てまう
③ 見てまう　　　④ 会うてまう
⑤ 寝てしもた　　⑥ 壊れてもうた
⑦ 太ってしもうた　⑧ 間違うてしもた

2 短い会話を聞いてください。この会話は下の絵のどれでしょう。テープの番号を書いてください。

① 女：けんちゃん、遊びに行きたいねんやったら、さき宿題してしまい。
　 男：は〜い。
② 男：きったない部屋やなぁ。どこから片付けよ？
　 女：さき、これ洗てまおか。
③ 男1：はよ走り。電車が来てまうで。
　 男2：ほんでも、荷物が重いねんから。
　 男1：あ〜ぁ、行ってもうたやんか。
④ 男：大丈夫ですか？
　 女：あっ、すんません。あわててこけてもうて…。
　　　あっ、どないしょ。靴下破れてしもた。
⑤ 男：しもた‼ また、寝坊してしもた。これで3回目や。

【共通語バージョン】

① 女：けんちゃん、遊びに行きたいんだったら、先に宿題してしまいなさい。
　 男：はーい。
② 男：きたない部屋だなー。どこから片付けよう？
　 女：先にこれ、洗ってしまおうか。
③ 男1：早く走りなさい。電車が来てしまうよ。
　 男2：でも、荷物が重いんだから。
　 男1：あーぁ、行ってしまったじゃないか。
④ 男：大丈夫ですか？
　 女：あっ、すみません。あわてて転んでしまって…。
　　　あっ、どうしよう。靴下が破れちゃった。
⑤ 男：しまった‼ また寝坊してしまった。これで3回目だ。

3 二人の会話を聞いて、内容を短くまとめてください。

① 女：やぁ、その手どないしはったん？
　 男：コーヒー、入れてるときにお湯かかってしもてなぁ。
② 男：えらい災難でしたなぁ。火事は恐いもんですなぁ。
　 女：ほんまに。まさか自分の家が燃えてしまうとは、今でも信じられませんわ。
③ 男：このセーター、えらい短なってしもたなぁ。もう着られへんかなぁ。
　 女：ほんまや。こどもの服みたいになってしもて。
④ 男：ごめん、千円貸して。財布、家に忘れてきてしもてん。
　 女：ごめん、わたしも全部使てしもて、誰かに借りよと思ててん。
⑤ 女：もしかして、これ全部食べてしもたん？
　 男：そうや。
　 女：あほやなぁ。腐ってたから、捨ててしまおう思てたのに…。
⑥ 女：その辺のおもちゃ、片付けてしまい。お父ちゃん、帰って来はるで。

（ピンポ〜ン）

ほら、もう帰ってきてしもたがな。

【共通語バージョン】
① 女：まぁ、その手、どうなさったの？
　男：コーヒーを入れているときにお湯がかかってしまってねぇ。
② 男：たいへんな災難でしたねぇ。火事は恐いものですねぇ。
　女：本当に。まさか自分の家が燃えてしまうとは、今でも信じられないんですよ。
③ 男：このセーター、すごく短くなっちゃったなぁ。もう着られないかなぁ。
　女：ほんとうだ。子どもの服みたいになっちゃって。
④ 男：ごめん、千円貸して。財布、家に忘れてきちゃったんだ。
　女：ごめん、わたしも全部使っちゃって、誰かに借りようって思っていたのよ。
⑤ 女：もしかして、これ全部食べちゃったの？
　男：そうだよ。
　女：ばかねぇ。腐っていたから捨ててしまおうと思っていたのに…。
⑥ 女：そのへんのおもちゃ、片付けてしまいなさい。お父さんが帰って来るわよ。
　（ピンポ〜ン）
　ほら、もう帰ってきちゃったじゃない。

UNIT 11 なんで？ お金ないさかい

1 テープを聞いて、理由を下の絵の中から選んでください。例を聞いてください。 51

［例］男1：遅いやないか。なんで遅れたんや。
　　　男2：すんません。道がこんでたさかい。

① 男：なんで買わへんの。
　女：今、金ないよってあかんねん。
② 女1：いやぁ、なんで毛きったん。
　女2：彼氏にふられたよって、思い切って切ってん。
③ 女：なんで、きのう帰れへんかったん。

男：酔っ払うてもて、駅のベンチで寝てたよって。
④ 女1：なんで、あの人と結婚せぇへんの。
　女2：そやかて、あいつ浮気もんやさかい。
⑤ 女1：こないだ、なんであんなに怒ったん。
　女2：隣があんまりうるさいよって。
⑥ 女：あの人、なんであんなに評判ええんやろ。
　男：だれにでも、親切やさかいちゃうか。
⑦ 女：もったいないなぁ。なんでタクシーで帰ってきてん。
　男：荷物があんまり重たかったよって、しゃぁない。
⑧ 女：なんであないにぎょうさん食べたん。
　男：おいしいさかい。つい…。
⑨ 男：なんで、きのう学校やすんだん。
　女：雨ふっとったさかい、休んでもた。

2 お母さんと子供の会話を聞いてください。子供の質問にお母さんは何と答えていますか。理由を書いてください。 52

子：ねぇ、ねぇ、お母さん。お花きれいねぇ。
母：そうやね。蜂いっぱい飛んでるさかい気つけや。
子：蜂さん、なんで飛んでるの？
母：お花の蜜、探してはるさかいや。
子：なんでお花の蜜、探してんの？
母：おうち持って帰って、赤ちゃんにあげなあかんさかい、一生懸命集めてるんやで。
子：なんで赤ちゃんにあげるん？
母：いっぱい食べて、はよ大きくなってほしいさかいや。
子：ふ〜ん。なんで赤ちゃん集めに来へんの？
母：蜂の赤ちゃんは、羽ないよって飛ばれへんねん。
子：ふ〜ん、なんで羽ないの？
母：うるさいなこの子は…。お母さん蜂ちゃうよってわからへん。蜂さんに聞いといで!!

【共通語バージョン】
子：ねぇ、ねぇ。お母さん、お花（が）きれいねー。
母：そうね。蜂（が）いっぱい飛んでいるから気をつけなさい。
子：蜂さん（は）どうして飛んでるの？
母：お花の蜜（を）探しているからよ。

子：どうしてお花の蜜を探しているの？
母：おうち（に）持って帰って、赤ちゃんにあげなければいけないから、一生懸命集めているのよ。
子：どうして赤ちゃんにあげるの？
母：いっぱい食べて早く大きくなってほしいからよ。
子：ふーん。どうして赤ちゃん（は）集めにこないの？
母：蜂の赤ちゃんは羽がないから飛べないのよ。
子：ふーん。どうして羽（が）ないの？
母：うるさいわね、この子は…。お母さんは蜂ではないからわからないわ。蜂に聞いていらっしゃい!!

① はよ、せんかい。　　② だれがするかい。
③ するんかいな。　　　④ 二度と来るかい。
⑤ 来るんかいな。　　　⑥ 来んかい。
⑦ ちゃんと言わんかい。　⑧ だれにも言うかいな。
⑨ なんて言うんかいな。　⑩ 走らんかい。
⑪ 走るんかいな。　　　⑫ 走るかいな。
⑬ 喜ぶんかいな。　　　⑭ だれが喜ぶかいな。
⑮ もっと喜ばんかい。　⑯ 見るかいな。
⑰ 見るかいな。　　　　⑱ 見んかい。
⑲ 寝んかい。　　　　　⑳ 寝るんかいな。

UNIT 12 そんなこと 言うかいな

1 次の表現は「強い否定」を表しています。テープを聞いて、下の絵から探してください。 55

① あんな人と結婚するかいな。
② こんな本なんか読むかい。
③ 二度と会うかい。
④ そんな料理食うかいな。

2 次の表現は「強い命令」を表しています。テープを聞いて、下の絵から探してください。 56

① さっさと学校、行かんかい。
② はよ、食べんかい。
③ 10時に来んかい。
④ いっぺん言うたら、やめんかい。

3 次の表現は「疑問」を表しています。テープを聞いて、下の絵から探してください。 57

① 買うんかいな、買わへんのかいな。
② 何時に来るんかいな。
③ この答えで合うとるんかいな。
④ トイレはどこかいな。

4 次の表現が「強い否定」の時はA、「強い命令」の時はB、「疑問」の時はCを書いてください。 58

UNIT 13 何すんねん！

1 テープを聞いてください。大阪弁の質問は、次のどちらを聞いていますか。例を聞いてください。 61

［例］　これ、とんのん？
① これ、すんのん？　② どこへ置くん？
③ いつ、やんのん？　④ だれが来んのん？
⑤ ここ、のくん？　　⑥ だれに会うん？

2 はじめに次のA、Bの共通語を読んでください。テープの大阪弁を共通語になおすと、A、Bのどちらでしょうか。正しいほうに○を書いてください。例を聞いてください。 62

［例］　何、食べるん？
① どこ、行くん？　　② 何、買うたん？
③ だれ、来んのん？　④ これ、使たん？
⑤ 何、してん？　　　⑥ 彼、元気やったん？
⑦ 何で連絡せぇへんかったん？
⑧ いつ見んのん？　　⑨ これ、なんぼやねん？
⑩ どないしたん？

3 女の人が質問します。男の人はA、Bどちらで答えたらいいですか。正しいほうに○を書いてください。例を聞いてください。 63

［例］　女：めがね、どうしたん？

男：A　わってん。
　　　B　わったん。

① 女：この本、どうするん？
　 男：A　田中さんにもろてん。
　　　B　田中さんにあげるねん。

② 女：いつ、来はったん？
　 男：A　きのうや。
　　　B　あさってや。

③ 女：どこへ行くん？
　 男：A　トイレ、行くねん。
　　　B　トイレ、行ってん。

④ 女：彼女に何、したん？
　 男：A　ちょっと待たしてん。
　　　B　ちょっと待たすねん。

⑤ 女：きのう、なんで学校、休んだん？
　 男：A　頭、痛いねん。
　　　B　頭、痛かってん。

⑥ 女：宿題、もう、やったん？
　 男：A　うん、田中におしえてもろてん。
　　　B　うん、田中におしえてもらうねん。

⑦ 女：これ、いらんのん？
　 男：A　うん、いらんねん。
　　　B　うん、いんねん。

⑧ 女：もう、寝んのん？
　 男：A　うん、寝んねん。
　　　B　うん、寝てん。

⑨ 女：あのバスに乗んのん？
　 男：A　うん、乗ってん。
　　　B　うん、乗んねん。

UNIT 14 値札　つけとるわ

1 テープの会話を聞いて、正しい絵を選んでください。例を聞いてください。

[例]　男：電気、ついとる？
　　　女：ついとんでぇ。

① 男：ビール、冷やしたあるか？
　 女：冷やしたあるよ。

② 男：宿題しとるか？
　 女：してぇへんねん。

③ 男：風呂、わかしとるか？
　 女：わかしとらへん。

④ 男：そっち、雨、降ってんの？
　 女：降ってんでぇ。

⑤ 男：田中さんって、眼鏡かけとった？
　 女：えーっと、かけてぇへんのんちゃう。

⑥ 男：おまえ、煙草、吸うとんか？
　 女：吸うてへんわ。

⑦ 男：そこに、お父ちゃん、いとる？
　 女：いてんでぇ。

⑧ 男：財布に金、入っとるか？
　 女：入っとるよ。

2 これは田中くんのクラスの写真です。田中くんと友達の会話を聞いて、名前を（　）の中に記号で書いてください。まず、会話に出てくる名前を見てください。…では始めます。

田中：これ、ぼくのクラスの写真やねん。見るか？
友達：おう、見せてくれ。これ、だれや？大きい口あけて、あくびしとる奴。
田中：あっ、それ、山本や。
友達：ほな、窓の外ぼや〜っと、見とる奴は？
田中：山下や。山下の後ろに立っとる奴が谷川や。
友達：ああ、これが谷川か。太田が好きやった奴やろ？太田はどこや？
田中：山本のとなりで、本、読んどる奴がおるやろ？それが木村で、そのとなりが太田や。
友達：この寝とる奴か？
田中：そや、そや。
友達：しかし、おまえ、いっつも、ウォークマン聞いとるなぁ。
田中：おう、風呂入るとき以外はいっつもや。
友達：こいつら、楽しそうに歌とんなぁ。
田中：おう、それなぁ。眼鏡かけとるんが、鈴木で、そのとなりが藤原や。
友達：これ、だれや？うしろで体操しとる奴。
田中：それが問題の石井やがな。先生がいくら注意しても、

155

聞きよらへん。
友達：これ、昼休みの写真か？
田中：いいや、まだ朝やでぇ。
友達：今頃、弁当、食うとる奴おんでぇ。だれやこれ？
田中：岩本や。あいつ、ず～っと食うとんねん。
友達：おっ、この美人だれや？
田中：どれや？
友達：この花に水やっとる。毛の長い。
田中：あっ、それは井上や。ええやろ？ この井上と付き合うとる奴が、机の上に座っとる沢田や。
友達：しかし、けったいなクラスやな。これやったら、先生も大変でぇ。

【共通語バージョン】
田中：これ、ぼくのクラスの写真なんだ。見る？
友達：おう、見せてくれ。これ、誰だ？ 大きい口をあけてあくびをしている奴。
田中：あっ、それ山本だ。
友達：じゃあ、窓の外をぼやーっと見ている奴は？
田中：山下だよ。山下の後ろに立っている奴が谷川だ。
友達：ああ、これが谷川か。太田が好きだった奴だろう？ 太田はどこだ？
田中：山本の隣で、本を読んでいる奴がいるだろ？ それが木村でその隣が太田だ。
友達：この寝ている奴か？
田中：そうだ、そうだ。
友達：しかし、おまえはいっつもウォークマン、聞いているな。
田中：おう、風呂に入るとき以外はいっつもだ。
友達：こいつら、楽しそうに歌ってるなー。
田中：おう、それか。眼鏡をかけているのが鈴木で、隣が藤原だ。
友達：これ誰だ？ うしろで体操している奴。
田中：それが問題の石井だよ。先生がいくら注意しても聞かないんだよ。
友達：これ、昼休みの写真？
田中：い一や、まだ朝だよ。
友達：今頃、弁当を食べてる奴がいるよ。誰だ？
田中：岩本さ。あいつ、ずーっと食べているんだよ。

友達：おっ、この美人誰だ？
田中：どれ？
友達：この花に水をやっている、毛の長い。
田中：ああ、それは井上だ。いいだろう？ この井上と付き合ってる奴が、机の上に座ってる沢田だ。
友達：しかし、変なクラスだなぁ。これだったら先生も大変だな。

UNIT 15 いっぺん 食べてみ

1 テープの質問を聞いて、話している人が命令または勧めていることを下の絵から選んでください。例を聞いてください。

[例]　これ、飲んでみ。

A：あったかいし、これ着てみ。
B：そこ、押してみ。
C：あれ、見てみぃな。
D：いっぺん、誘てみ。来んで。
E：食うてみ。これ、うまいでぇ。
F：よう数えてみ。
G：歌てみ。歌てみ。
H：会うてみぃな。
I：使うてみ。ええでぇ。

2 テープを聞いて、形容詞を聞き取り、例のように書いてください。例を聞いてください。

[例]　あぁ、おいし。

① おぉ、こわ。　　② はやぁ。
③ かったぁ。　　　④ たっかぁ。
⑤ おぉ、さぶ。　　⑥ いったぁ。
⑦ おもろぅ。

3 テープの声は大阪弁で、何かを聞いています。あなたがそれに共通語で答えるとき、どの答えがいいでしょうか。下のA～Gの答えの中から選んでください。例を聞いてください。

[例]　使おか？

① 行こか？　② 読もか？
③ 買おか？　④ しよか？
⑤ 呼ぼか？　⑥ 聞こか？

UNIT 16 そんなん　買うたかて…

1 テープを聞いて、適当な絵を選んでください。例を聞いてください。

[例]　読んだかて、わからへん。

① こんなもん、買うたかてしゃぁない。
② あいつ、呼ばんかてええやろ。
③ 貸したかて、返してくれへん。
④ あんなもん、見んかてわかるわ。
⑤ あやまったかて、ゆるしたらへん。
⑥ あした、来んかてええで。
⑦ 名前は書かんかてええで。
⑧ ここ押したかて、つかへん。
⑨ 電話したかて、おれへんねん。

2 テープを聞いて、適当な絵を選び、□に大阪弁と共通語を書いてください。例を聞いてください。

[例]　安うて、びっくりしたわ。

① これ、軽うてええわ。
② 寒うて、寒うて、がまんでけへん。
③ 夕べは恐うて、寝られへんかった。
④ ここ、広うてええな。
⑤ こんなもん、辛うて食べられへん。
⑥ 狭うてもかめへんよ。
⑦ 暗うても、ひとりで帰れる。
⑧ 重うても、持ってや。
⑨ 苦うても、飲まなあかん。

UNIT 17 やめときぃ

1 テープを聞いて、あてはまる動詞を下から選んで記号を書いてください。例を聞いてください。

[例]　食べとくわ。

① 買うとき　② いとこ　③ 言うとけ
④ 着とき　⑤ 待っとくでぇ　⑥ ほっとけ
⑦ しとき　⑧ 読んどくわ　⑨ 聞いとき
⑩ 持っとくわ

2 女の人は相手に「何かを勧めている」のでしょうか。「頼んでいる」のでしょうか。「勧めている」ものにはA、「頼んでいる」ものにはBを書いてください。例を聞いてください。

[例]　そんなこと、あの人に言わんとき。

① それ、食べんといて。
② あいつは、呼んときぃな。
③ だれにも話さんとってな。
④ 安いし、買うとき。
⑤ この部屋に入らんとき。
⑥ もう、お酒、飲まんとき。
⑦ あした、休まんときぃや。
⑧ 遅うまで、起きとかんといて。
⑨ 近寄らんとって。あんたなんか嫌いや。
⑩ 待っといて。すぐ行くわ。
⑪ もうええねん。ほっといて。
⑫ 危ないし、行かんとき。

UNIT 18 ええやんか

1 テープを聞いてください。A、Bどちらの答え方が正しいでしょうか。例を聞いてください。

[例]　女：来週、テストあんねんて。知ってた？
　　　男：A　知ってたやんか。
　　　　　B　知ってたわ。

① 女：なんで、きのう休んだん？
　　男：A　風邪ひいてしもたんやんか。
　　　　B　風邪ひいてしもたわ。
② 女：あの、お名前何でしたっけ？
　　男：A　わしは山本やがな。
　　　　B　わしは山本やわ。
③ 女：きょう、もう遅いから泊まっていけへん？

男：A　やっぱし、帰るがな。
　　　B　やっぱし、帰るわ。

④ 女：りんご、もうてん。一緒に食べへん？
　　男：A　もらうわ。おおきに。
　　　B　もらうやんか。おおきに。

⑤ 女：もしもし、そっち雨降ってる？
　　男：A　降ってるやんか。大雨や。
　　　B　降ってるわ。大雨や。

⑥ 男：コーヒー、ちょうだい。
　　女：A　あんた、いま飲んだわ。
　　　B　あんた、いま飲んだやんか。

⑦ 男：あの映画、おもろいかな？
　　女：A　おもろいやんか、きっと。
　　　B　おもろいわ、きっと。

⑧ 男：今日、雨降るかなぁ？
　　女：A　降らへんわ。
　　　B　降らへんがな。

2 テープで聞く大阪弁はA、Bどちらの場面で話していますか。

1－① タクシー、止まってくれへんやんか。
1－② タクシー、止まってくれへんねんやんか。
2－① ハワイに行ってんねんやんか。
2－② ハワイに行ってんやんか。
3－① 休みやがな。
3－② 休みなんやがな。
4－① ダイエットせなあかんやんか。
4－② ダイエットせなあかんねんやんか。

UNIT 19　何でも　買うたった

1 テープの大阪弁は「あげる・やる・もらう」のどれを言っていますか。適当な形に変えて、共通語で書いてください。例を聞いてください。

　[例]　あいつ、バレンタインデーにチョコレート10個ももろたらしい。

① ぼくが家まで車で送ったげる。
② 今、一番流行っとる歌教えたる。

③ 友達にかさ貸したげた。
④ みんなで掃除を手伝うたった。
⑤ 友達に昼飯代払うてもろた。
⑥ 吉田くんの新車に乗せてもろた。
⑦ 今日のご飯はわたしが作ったろか？
⑧ ゆうこちゃん、この子と一緒に遊んだって。
⑨ いっしょに駅まで行ったげ。
⑩ うちがやったげる、やったげる。まかしとき。

2 男の人の話を聞いてください。次の動作は男の人がしますか。女の人がしますか。□に書いてください。例を聞いてください。

　[例]　この漢字の読み方教えたげ。

① 1万円も貸したった。
② あいつに電話したれ。
③ はよ、行ったり。
④ 写真、とったろ。
⑤ しばらく遊んだって。
⑥ 車で送ったげ。
⑦ 風呂、沸かしといたげよ。
⑧ 土産、買うてきたげたやないか。
⑨ もう、許したげえな。
⑩ アイロン、かけといたったよ。

UNIT 20　なんも　みみっちない

1 大阪弁の短い会話を聞いてください。会話の中で話している形容詞の否定形を書いてください。例を聞いてください。

　[例]　女：それ、あもない？
　　　　男：うん、あもないでぇ。　——　あもない

① 女：この服、きゅうくつかなぁ？
　　男：いや、大丈夫。小そないわ。　——　ちいそない
② 女1：お母さん、どうぞ食べてください。
　　女2：へぇ、おおきに。そやけど、うちはやわらこないもんは、食べられまへんねん。
　　　　　　　　　　　　　　——　やわらこない
③ 女：あんた、コーヒーにミルク入れへんの？にご

　　　　　い？
③　男：この味がええねんやん。　　　　── にごない
④　女：今月の給料、ちょっとすくのない？
　　男：ほら社員旅行の積み立てやん。　　── すくのない
⑤　女：その本、たこなかった？
　　男：うん、ちょっとな。　　　　　　　── たこない
⑥　女：ご飯、食べにいけへん？
　　男：まだ、食べとないねん。　　　　　── 食べとない
⑦　男：先生んとこ、電話しとこか？
　　女：まだ、朝の6時やで。ちょっとはよない？
　　　　　　　　　　　　　　　　　　　　── はよない
⑧　女：ちょっと、くそない？
　　男：あっ、ガスや。　　　　　　　　　── くそない

2 テープを聞いてください。石川さんと山田さんの性格について、話しています。石川さんと山田さんはどんな人でしょうか。下のA～Nの中から選んで、記号を書いてください。

女　：石川さんって、どんな人？
男1：体はごっついけど、かいらしい人や。
男2：せやせや。話はおもろいし、ええやっちゃ。
男1：せやけど、しょうもない話しよるし、何や、みみっちいとこあんでぇ。
男2：そうか？　がめついよりましやんか。
男1：まあな。そんで、何や、せわしないやろ。いっつも、バタバタしとる。
男2：そうかなぁ。俺、しんきくさいやつ嫌いやさかい、気にならんけどなぁ。どんくさいんは、かなわんわ。
男1：どんくさい言うたら、山田や。
男2：せやせや。あいつ、よくどしいこと言いよるしなぁ。かなんわ。
男1：せやなぁ。ねちっこいとこあるし、いけずやし…。
女　：よう言うわ。なんもええとこないやん。えぐすぎるわ。
男2：いいや、いっぺん会うてみ。会うたら、わかるさかい。
女　：ほんま、あんたらにかかったら、わややわ。

【共通語バージョン】
女　：石川さんって、どんな人？
男1：体は大きいけれど、かわいらしい人だよ。
男2：そう、そう。話はおもしろいし、いいやつだ。
男1：だけど、つまらない話をするし、何かけちなところがあるよ。
男2：そうかなぁ。欲張りよりましじゃないか。
男1：まぁな。それで、何か落ち着きがないだろう。いつもバタバタしている。
男2：そうかなぁ。おれ、イライラするやつはきらいだから、気にならないけどなぁ。とろいのは、かなわないなぁ。
男1：とろいっていったら、山田だ。
男2：そうだ、そうだ。あいつ、欲張りなことを言うしなぁ。かなわないよ。
男1：そうだなぁ。しつこいところがあるし、意地悪だし…。
女　：よく言うわね。何もいいところがないじゃないの。ひどすぎるわ。
男2：いや、一度会ってごらん。会えば、わかるから。
女　：ほんと、あなたたちにかかったら、メチャクチャね。

問題の解答

【UNIT 1】
1　a－5　　b－4　　c－2　　d－1
　　e－6　　f－7　　g－3
2　① A　② B　③ A　④ A
　　⑤ B　⑥ B　⑦ A　⑧ B
3　① B　② H　③ C　④ F
　　⑤ A　⑥ I　⑦ G　⑧ E
4　① ××○　② ××○　③ ×○×
　　④ ×○○

【UNIT 2】
1　① f　② a　③ d　④ c
　　⑤ e
2　（6）のる　　A　（3）でんわする　A
　　（2）きる　　B　（7）おこる　　B
　　（1）おきる　A　（8）つかう　　A
　　（4）くる　　A　（5）はしる　　A
3　① ×　② ○　③ ×　④ ○
　　⑤ ○　⑥ ○　⑦ ○

【UNIT 3】
1　a 3　b 5　c 1　d 6
　　e 2　f 4
2　① のまない　② いく　③ きく
　　④ やらない　⑤ すわらない
　　⑥ はいる　⑦ あけない
3　a ○　b ×　c ×　d ×
　　e ×　f ×　g ○　h ○

【UNIT 4】
1　a 9　b 7　c 1　d 8
　　e 2　f 6　g 3　h 4
　　i 5
2　① いって　② さそって　③ とって
　　④ かって　⑤ わらって　⑥ はじめて
　　⑦ たべて　⑧ いって　⑨ みせて
3　① c　② a　③ d　④ e
　　⑤ b

【UNIT 5】
1　a 4　b 6　c 1　d 2
　　e 5　f 3
2　① もつ　② すう　③ ふむ　④ する
　　⑤ のる　⑥ しぬ　⑦ なく　⑧ かす

3　① B　② A　③ B　④ B　⑤ A
　　⑥ A　⑦ A　⑧ B　⑨ A　⑩ A

【UNIT 6】
1　① きけない　② かけない
　　③ のれない　④ うたえない
　　⑤ のめない　⑥ いえない
　　⑦ みられない　⑧ こられない
　　⑨ ねられない　⑩ できない
2　a ×　b ○　c ○　d ×
　　e ×　f ×　g ○　h ×
3　① B　② A　③ A　④ A　⑤ A
　　⑥ B　⑦ A　⑧ B　⑨ A

【UNIT 7】
1　a 5　b 3　c 4　d 1
　　e 7　f 6　g 2　h 8
2　① E　② C　③ A　④ H
　　⑤ D　⑥ G　⑦ F
3　① 右　② 左　③ 右　④ 中

【UNIT 8】
1　① B　② B　③ C　④ A
　　⑤ C　⑥ A
2　① B　② A　③ A　④ B
　　⑤ B　⑥ B　⑦ A　⑧ A
　　⑨ B　⑩ A

【UNIT 9】
1　① たべる　② くる　③ なった
　　④ やめた　⑤ ねていた
　　⑥ している　⑦ まっていた
　　⑧ よっている
2　a 3　b 1　c 2　d 4

【UNIT 10】
1　① f　② g　③ b　④ c
　　⑤ h　⑥ e　⑦ a　⑧ i
2　a 2　b 4　c 1　d 5
　　e 3
3　① て・かかっ
　　② かじ・もえ
　　③ セーター・みじか
　　④ さいふ・わすれ・つかっ
　　⑤ すて・たべ

⑥ かえってくる・おもちゃ・かたづけ

【UNIT 11】
1 ① J ② A ③ H ④ D
  ⑤ C ⑥ G ⑦ E ⑧ I
  ⑨ B
2 ① いっぱい とんでいる
  ② さがしている
  ③ あげなければならない
  ④ おおきくなってほしい
  ⑤ はね が ない
  ⑥ はち ではない／はちとちがう

【UNIT 12】
1 ① D ② A ③ C ④ B
2 ① B ② A ③ D ④ C
3 ① A ② D ③ C ④ B
4 ① B ② A ③ C ④ A
  ⑤ C ⑥ B ⑦ B ⑧ A
  ⑨ C ⑩ C ⑪ B ⑫ A
  ⑬ C ⑭ A ⑮ B ⑯ A
  ⑰ C ⑱ B ⑲ B ⑳ C

【UNIT 13】
1 ① するの？ ② おくの？
  ③ やるの？ ④ くるの？
  ⑤ のくの？ ⑥ あうの？
2 ① A ② B ③ A ④ B
  ⑤ B ⑥ B ⑦ B ⑧ A
  ⑨ A ⑩ B
3 ① B ② A ③ A ④ A
  ⑤ B ⑥ A ⑦ A ⑧ A
  ⑨ B

【UNIT 14】
1 ① 左 ② 左 ③ 右 ④ 左
  ⑤ 右 ⑥ 右 ⑦ 左 ⑧ 右
2 ① B ② G ③ H ④ C
  ⑤ D ⑥ L ⑦ A ⑧ J
  ⑨ F ⑩ K ⑪ E ⑫ I

【UNIT 15】
1 ① C ② G ③ A ④ H
  ⑤ E ⑥ D ⑦ F ⑧ B
  ⑨ I
2 ① こわい ② はやい ③ かたい
  ④ たかい ⑤ さむい ⑥ いたい

⑦ おもしろい
3 ① G ② C ③ B ④ E
  ⑤ F ⑥ D

【UNIT 16】
1 a 2 b 4 c 7 d 6 e 8
  f 1 g 5 h 3 i 9
2 b-3 こおう・こわい c-8 おもう・おもい
  d-6 せもう・せまい e-4 ひろう・ひろい
  f-2 さむう・さむい g-7 くろう・くらい
  h-5 かろう・からい i-9 にごう・にがい
  j-1 かるう・かるい

【UNIT 17】
1 ① c ② j ③ h ④ k
  ⑤ i ⑥ f ⑦ d ⑧ g
  ⑨ e ⑩ b
2 ① B ② A ③ B ④ A
  ⑤ A ⑥ A ⑦ A ⑧ B
  ⑨ B ⑩ B ⑪ B ⑫ A

【UNIT 18】
1 ① A ② A ③ B ④ A
  ⑤ B ⑥ B ⑦ B ⑧ A
2 1-① A 1-② B 2-① B
  2-② A 3-① A 3-② B
  4-① B 4-② A

【UNIT 19】
1 ① あげる ② やる
  ③ あげた ④ やった
  ⑤ もらった ⑥ もらった
  ⑦ あげよう ⑧ やって
  ⑨ あげなさい ⑩ あげる・あげる
2 ① 男 ② 女 ③ 女 ④ 男
  ⑤ 女 ⑥ 女 ⑦ 男 ⑧ 男
  ⑨ 女 ⑩ 男

【UNIT 20】
1 ① ちいさ ② やわらか ③ にが
  ④ すくな ⑤ たか ⑥ たべた
  ⑦ はや ⑧ くさ
2 石川さんの性格・・・J，D，B，H
  山田さんの性格・・・K，A，L，C

単語リスト

○ 各単語は【UNIT】の提出順です。また、各【UNIT】で扱っている文法表現は省きます。

○ 単語リストに使っている略号は、[漫]が「4コマ漫画」、[聴]が「聴解の練習問題」、[文]が「文法ノートの例」です。

【UNIT 1】
[漫] バリバリ（〜する） 第一線で活躍する
　　 オカン　　　　　 おかあさん
　　 あない　　　　　 あんなに
[聴] そんなん　　　　 そんなもの
　　 うっとこ　　　　 わたしの家
　　 ほな　　　　　　 それでは・じゃあ

【UNIT 2】
[漫] なおす（なおさなあかん）
　　 片付ける（片付けなければだめ）
　　 あっか　　　　　 あるの？
[聴] めっちゃ　　　　 たいへん・とても
　　 こら　　　　　　 これは
　　 なんもかも　　　 何もかも・すべて
　　 いっしょくたにする いっしょにする
　　 ほんまに　　　　 ほんとうに
　　 そら　　　　　　 それは
　　 ここんとこ　　　 最近

【UNIT 3】
[漫] かめへん　　　　 かまわない
　　 〜やんか　　　　 〜じゃないか
　　 そやけど　　　　 だけど
　　 そんで　　　　　 それで
[聴] よろし　　　　　 よろしい
　　 すんません　　　 すみません
　　 隣のん　　　　　 隣のもの

【UNIT 4】
[聴] いんねん　　　　 いるんだ
　　 もっぺん　　　　 もう一度
　　 いっぺん　　　　 一度
　　 もろてんか　　　 もらってくれないか

【UNIT 5】
[聴] よぉ　　　　　　 よく
　　 はよ　　　　　　 はやく
　　 しんどい　　　　 疲れている

【UNIT 6】
[漫] うち　　　　　　 わたし
[聴] でけてん　　　　 できたのよ
　　 ドンクサイ　　　 （運動神経が）鈍い
[文] アホらしい　　　 バカみたいな

【UNIT 7】
[漫] ごっつい　　　　 ものすごい
　　 あっこ　　　　　 あそこ
　　 どないしょ　　　 どうしよう
　　 こける（こけはった）転ぶ
[聴] におうて　　　　 似合って

【UNIT 8】
[漫] けったい（な）　 変な・変わった
[聴] こうやろ　　　　 こうだろう
　　 そうやろ　　　　 そうだろう

	おおきに	ありがとう
	ええやろ	いいだろう

【UNIT 9】
[聴]	えらい	たいへん・とても
	ぎょうさん	たくさん

【UNIT 10】
[漫]	どない	どう
	なんぎ（な）	こまった
[聴]	ほんでも	それでも

【UNIT 11】
[漫]	チャリンコ	自転車
	火の車	経済状態が苦しい
[聴]	そやかて	そんなこと言っても
	しゃあない	仕方がない
	あないに	あんなに

【UNIT 12】
[漫]	えげつない	ひどい

【UNIT 13】
[聴]	なんぼ	いくら

【UNIT 14】
[聴]	そやそや	そうだそうだ

【UNIT 15】
[漫]	鯖寿司	酢に漬けた鯖の寿司
	おいし	おいしい
	ベッタラ	大根の漬物
	バッテラ	鯖寿司
[聴]	来んで	来るよ

【UNIT 16】
[文]	むずかしいて	むずかしくて

【UNIT 17】
[漫]	べんきょうする	まける・値を下げる
	ええ男	いい男・ハンサム
	こそばい	くすぐったい
	しょうもなぁ	つまらない

【UNIT 18】
[聴]	そろい	一揃い
	おくれ	ください・ちょうだい
[聴]	あんた	あなた

【UNIT 19】
[文]	お雛さん	雛人形

【UNIT 20】
[漫]	みみっちい	けちな
[聴]	かいらしい	かわいらしい
	せやせや	そうだそうだ
	おもろい	おもしろい
	ええやっちゃ	いい人だ
	そんで	それで
	バタバタする	落ち着きがない様子
	しんきくさい	いらいらする
	よくどしい	よくばりな
	ねちっこい	しつこい
	いけず（な）	いじわる（な）
	えぐい	ひどい
	わや（だ）	めちゃくちゃ（だ）

主要参考書（刊行年順）

- 前田勇（1977）『大阪弁』朝日新聞社
- 牧村史陽編（1984）『大阪ことば事典』講談社
- 田辺聖子（1985）『大阪弁おもしろ草子』講談社
- 徳川宗賢・真田信治編（1991）『新・方言学を学ぶ人のために』世界思想社
- 国立国語研究所編（1993）『方言と日本語教育』大蔵省印刷局
- 彭飛（1993）『大阪ことばの特徴』和泉書院
- 朝日新聞大阪本社社会部編（1994）『ごめんやす「おおさか弁」』リバティ書房
- 大谷晃一（1994）『大阪学』経営書院
- 徳川宗賢・真田信治編（1995）『関西方言の社会言語学』世界思想社
- 小林隆・篠崎晃一・大西拓一郎編（1996）『方言の現在』明治書院
- 真田信治（1996）『地域語のダイナミズム 関西篇』おうふう
- 郡史郎ほか編（1997）『大阪府のことば』明治書院
- 金沢裕之（1998）『近代大阪語変遷の研究』和泉書院
- 尾上圭介（1999）『大阪ことば学』創元社
- 真田信治（2001）『関西・ことばの動態』大阪大学出版会
- 真田信治（2001）『方言は絶滅するのか』PHP研究所
- 佐藤亮一監修（2002）『方言の地図帳』小学館
- 真田信治（2002）『方言の日本地図』講談社
- 山下好孝（2004）『関西弁講義』講談社
- 陣内正敬・友定賢治編（2005）『関西方言の広がりとコミュニケーションの行方』和泉書院

あとがき

　大阪弁に限らず、地域語というものはその地域での生活体験によって感覚的に身につけていくものである。我々が、大阪弁教材の必要性を感じたのは、ある学生の一言からだった。もうずいぶん前のことだが、大阪YWCAを卒業し、関西にある大学に進学した留学生が久しぶりに訪ねてきた。「先生、大学で友達がしゃべっている言葉がわからないんです。」そんなはずはない。彼は優秀な学生だったし、流暢な日本語も話せるはずである。それなのになぜ…と疑う我々に彼は「友達のしゃべる言葉は日本語学校で習ったものとは違う」というのだ。それを聞いて、学校では標準的な日本語を重視し、我々教師も標準アクセントで話さなければならないと思い込んでいたことに気づかされた。それ以後は授業以外ではできるかぎり大阪弁と共通語のバイリンガルで接するように心がけた。

　以上の経緯で、大阪・神戸・京都の出身者による「大阪弁教材開発研究会」が大阪YWCAの日本語教師会に結成され、「大阪を中心とする地域」の聴解教材作成に着手した。その後、多くの方々のご助力・ご助言により、1998年に（株）アルクより初版発行にいたった。幸い、当初の想定を超え、多くの日本語学習者以外の方々にも受け入れられていたが、諸事情により、絶版となっていた。それがこの度、監修していただいた大阪大学大学院の真田信治教授のお力添えにより、再び、ひつじ書房より新訂版として出版できる運びとなった。前回同様、真田教授のご指導を仰ぐことができ、様々なご教示をいただけたことにも、改めて心から感謝の意を表したい。

　内容に関しては、ユニット数は同じだが、コラムなども書き加え、より読みやすく、関西（大阪）弁に親しんでもらえるよう工夫した。出版に際し、ひつじ書房の田中さんに、いろいろご尽力いただいたことにもお礼申し上げる。

大阪YWCA日本語教師会　岡本 牧子・氏原 庸子

【監修者】

真田信治（さなだ しんじ）

大阪大学名誉教授。〈主要著書〉『方言の日本地図―ことばの旅』（講談社 2002）、『方言学』（編著、朝倉書店 2011）、『県別罵詈雑言辞典』（共編、東京堂出版 2011）、『関西弁事典』（監修、ひつじ書房 2018）、他。

【著者】

岡本牧子（おかもと まきこ）

大阪YWCA元専任講師。大阪YWCA日本語教師会会員。〈主要著書・論文〉「「～おきに…」の解釈と日本語教育での取り扱い方」（『日本語教育』92号 1997）、『くらべてわかる日本語表現文型辞典』(2012)、『日本語能力試験N1聴解必修パターン』・『日本語能力試験N1文法必修パターン』(2015)（いずれも共著、Jリサーチ出版）、他。

氏原庸子（うじはら ようこ）

大阪ＹＷＣＡ専任講師。大阪ＹＷＣＡ日本語教師会会員。〈主要著書〉『くらべてわかる日本語表現文型辞典』(2012)、同 初級編(2022)、同 初中級編(2022)、『くらべてわかるてにをは日本語助詞辞典』(2023)、同 ドリル(2024)（いずれも共著、Jリサーチ出版）、他。

新訂版　聞いておぼえる関西（大阪）弁入門

発行	2006年12月15日　初版1刷
	2025年1月24日　　　7刷
定価	3000円＋税
監修者	真田信治
著者	岡本牧子・氏原庸子
発行者	松本功
装丁	吉岡透・村上 一（ae）
イラスト	本田啓・小田百合子
印刷・製本所	三美印刷株式会社
発行所	株式会社 ひつじ書房
	〒112-0011 東京都文京区千石2-1-2 大和ビル2F
	Tel.03-5319-4916　Fax03-5319-4917
	郵便振替 00120-8-142852
	toiawase@hituzi.co.jp　https://www.hituzi.co.jp/

ISBN978-4-89476-296-1

造本には充分注意しておりますが、落丁・乱丁などがございましたら、小社かお買上げ書店にておとりかえいたします。ご意見、ご感想など、小社までお寄せ下されば幸いです。

関西弁事典

真田信治監修　A5判上製函入り　定価　6,200円＋税
編集委員：岸江信介、高木千恵、都染直也、鳥谷善史、中井精一、西尾純二、松丸真大

(執筆者50名)

関西弁を対象にしたエッセイや、関西弁でのやりとりを興味深く、楽しげに解説する書籍は多い。しかしながら、その全容を示す総合的な解説書、また本格的な「事典」はいまだ存在していない。本書はそのような渇望を満たすべく編纂したものである。関西弁の歴史、関西弁の地理、関西弁の位相、関西弁の変容、関西弁施策などに関して、学術的な記述を含みつつ、関西のことばに関心のある人なら誰もが手軽に利用できるよう、平易な説明を心がけた。